NOBUのすし

新装版

松久信幸

すしは私の原点でもある、大切な存在です。

私の料理人としての修業は東京・新宿の「松栄鮨」というすし屋から始まりました。そしてペルーに渡り、アルゼンチン、アラスカを経て、ロスアンジェルスやニューヨーク、ロンドンなど五大陸すべてにお店を持つようになった今も変わらず、日本の素晴らしい食材、日本料理という素晴らしい文化を世界に伝えていきたいという思いで料理を作っています。ですからNOBUスタイルは中南米やアメリカのエッセンスが加わりながらも、基本は日本料理、しかもいちばんの根幹は、紛れもなく「すし」にあります。

皆さんは、「本当においしいにぎりずし」ってどういうものか、わかりますか？

しゃりとしゃりの間に 空気が入っていて、 置いた瞬間にさっと沈む。

自分の重みで沈んだそのときがおいしさの最高潮ですから、ベストタイミングを逃さずに食べる。すると口の中でふわっと米粒がほぐれて口に広がり、その甘みと新鮮なネタの生き生きとした旨みがともに味わえる。その間、わずかに1分ほど。

すしはひと言でいうなら 「瞬間食べる」料理。

刻々と状態が変わる生きもののようなものです。

これは、ロールずしでもばらずしでも同じです。ロールは巻き簾で全体をぎゅっと締めたくなるかもしれませんが、それではご飯が固まっておいしくありません。ちらしずしやシャリに薬味を混ぜるときも、イメージは同じ。しゃもじで押さえたり粒をつぶしたりせず、ひと粒ひと粒ほぐすように意識してください。それで味がまったく違います。

シンプルゆえに、すしは奥深いのです。

ただ多くのかたがすしに思うのは、「にぎる動作が難しい」とか「うまくにぎれない」ということではないでしょうか。

難しいのは、「にぎろう」と思うから。

すしは固めるものでも、無理やり形づくるものでもありません。力を入れると米粒と米粒がぎゅっと押しつけられて、「おいしいすし」にはなりません。
空気が入ってふわっとしたすしが沈む瞬間を夢見ながらにぎってください。そこには必ずおいしく食べてもらいたいという「心」が宿りますから。

NOBUの基本は、すしでも料理でも

大切なのは「心」を込めること。

料理は人間の手が作り出すものだから、作り手の気持ち——おいしいすしを食べてもらいたい気持ち、食材への愛情などがすべて表れるからです。

この本では、一般のかたがたがご自身で作るヒントになるよう、にぎりずしの動作やロールずしの巻き方などのプロセスを公開しています。わかりやすく、ていねいにお教えしているつもりです。
しかしすしは、シンプルゆえに難しい料理。

最初はうまくいかなくても何度もトライしてみてください。

くり返し作って初めて、技やコツが自分のものになっていきます。そのときに頭に入れてほしいのが、ただ作るのではなく「愛情を込める」こと。おいしい料理作りに、いちばん大切なことですから。

松久信幸

CONTENTS

PART 1 — ロールずし
SUSHI ROLLS

アペタイザーのすし

APPETIZER SUSHI

すし献立

SUSHI COURSE DISHES

コース仕立てで

お弁当で

<mark>
</mark>

すしの基本食材

米とすし酢、そして季節のネタや海苔、薬味で「すし」は作られます。ネタは魚介や野菜などお好みの新鮮なもの、旬のものを選んでください。ここではその他の食材についてご紹介します。

米

すしに最も欠かせない主材料。NOBUで使うのは、全店ともコシヒカリ。すし飯（シャリ）に最適な「堅めながらも芯のない炊き上がり」にするため、といだ米を短時間吸水させ、多めの水で炊いている。炊き上がったら、熱いうちにすし酢を混ぜてひと粒ひと粒にまとわせ、つやつやのすし飯を作る。

海苔

ロールずし（巻きもの）や軍艦巻きなどに欠かせない海藻加工品。磯の香りとパリッと歯切れよい食感が魅力。海苔1枚（全型）サイズで縦21cm×横19cm。ロールずしでは長辺を半分に切って、½枚サイズで使う。また海苔には裏表があり、つややかなほうが表、でこぼこしたマットなほうが裏。すしの外側に表側がくるようにする。

酢

すし酢の主材料。すっきりしながらコクのある、「ヨコ井」の赤酢（琥珀）を使用。すし酢作りでは火にかけて砂糖などを煮溶かすが、NOBU では酢の一部を冷ましたあとで加え、酸味と香りを生かしている。

塩

味つけの基本であり、全体の味を引き締めてくれる役割。すし酢作りできちんと煮溶かすことが大切。

砂糖

精製度が高いグラニュー糖を使用し、すっきりとした味わいに。塩と同様に、きちんと煮溶かす。

昆布

旨みのもと。魚介などのすしネタの旨みを邪魔することなく、すし飯をほんのりおいしくしてくれる。だしをとるとき、昆布〆にするときはできるだけ羅臼昆布を使いたい。

みりん

自然の甘みととコクがすし飯に少しプラスされ、深い味わいになる。

すし飯の作り方

材料（作りやすい量）

白米…5合（900㎖）
水…900㎖
すし酢
　赤酢（または米酢）…200㎖
　塩…30g
　グラニュー糖…120g
　みりん…大さじ1
　昆布…4cm角のもの1枚

1 白米を大きめのボウルで、米粒が割れないようやさしくかき混ぜて洗い、水を換える。水が澄むまでくり返し、たっぷりの水を注いで20分吸水させる。

2 米をざるに上げ、水をよくきったら、炊飯器で分量の水を加えて炊く。炊き上がったらそのまま10分蒸らす。

3 すし酢を作る。材料のうち赤酢50㎖を取りおき、それ以外を鍋に合わせてひと煮立ちさせる。グラニュー糖が溶けたら火からおろし、冷ます。取りおいた赤酢を混ぜる。

4 酢水（水に少量の酢を加えたもの。分量外）に布巾を浸し、盤台の内側を拭く。

5 蒸らしたご飯を熱いうちに盤台に移す。すし酢をしゃもじで受けながらまんべんなく回しかける。

6 しゃもじで切るようにして、ざっとすし酢をゆきわたらせる。時間をかけて混ぜると粘りが出るので、手早く行う。

7 しゃもじを寝かせ、ご飯を薄く均等に広げる。

8 ご飯を端から少しずつしゃもじですくい、上下を返して粗熱を取る。

9 最後にざっとならしてでき上がり。使うまでふたをするか、水気を固く絞った布巾で覆って乾燥を防ぐ。

生わさびをおろすときは、「さめ皮」と呼ばれる専用の
おろし器を使う。丸く円を描くようにして粘りを出す
ようにおろすことで細胞が壊れ、空気に触れて香りと
辛みが出てくる。

わさび

日本古来の植物で、日本料理を代表する薬
味。清らかな流れの浅瀬で育ち、今では伊
豆や安曇野などのわさび田で栽培されてい
る。独特の香りとツンと鼻に抜ける辛みが
特徴。香りはおろしたてが最もよく、すし
には生わさびをおろしたてで使うか、生わ
さびの香りを生かしたものを使いたい。ま
た NOBU では、粉わさびをわさびソース
に使用。加熱すると軽くとろみがつく。

生姜

爽やかな香りとピリッとする辛みを持つ薬味で、かつおな
どの青魚や個性的な味の魚と合わせることが多い。国産の
ものは皮の色が薄く形がふっくらしてみずみずしい。香り
もよいので、ぜひ国産を使いたい。

すしの基本道具

すし作りに、ご家庭でもぜひ揃えておきたい道具をご紹介します。調理道具専門店や量販店などで手に入ります。

盤台としゃもじ

すし飯を作るときの道具。盤台の中でご飯とすし酢をしゃもじで切るようにしながら混ぜる。使うときは、あらかじめ酢を加えた水でぬらした布巾でよく拭く。使ったあとは米粒などが残らないようによく洗い、しっかりと乾かしてからしまう。水気が残っているとかびなどの原因になるので注意する。

巻き簾

ロールずしを巻くときに使う、竹製の道具。使うときは、酢水でぬらして固く絞った布巾で拭く。使ったあとはよく洗って、しっかりと乾かしてからしまう。ロールの裏巻きでは米粒が巻き簾にくっつくので、ラップをかぶせてから使うとよい。

包丁

魚介などのネタをおろしたり切ったりするときに使う道具。和包丁は片刃で切れ味がよいのが特徴。左はプロが使う刺身をひくための「柳刃包丁」。刃全体を使って引き切るため、刃が薄くて長い。右は刃に厚みがあってしっかりとした「出刃包丁」。魚をおろすときや堅い骨を切るときに使うが、ご家庭なら刺身をひくときに出刃包丁を使ってもよい。

本書の決まりごと

- 小さじ 1 は 5㎖、大さじ 1 は 15㎖、1 カップは 200㎖、1 合は 180㎖です。
- 「少量」は親指と人差し指の 2 本でつまんだ分量で、塩なら約小さじ $\frac{1}{30}$、0.2g に相当します。「ひとつまみ」は親指、人差し指、中指の 3 本でつまんだ分量で、塩約小さじ $\frac{1}{12}$、0.5g に相当します。
- 海苔 1 枚（全型）のサイズは縦 21cm ×横 19cm です。用途に応じて切り分けてください。また海苔専門店では $\frac{1}{2}$ 枚サイズに切り分けたものなども売られています。
- 特にただし書きがない場合、「醤油」は濃口醤油、「わさび」は生わさびをすりおろしたものを使っています。
- 代用可能な食材がある場合は、材料表の下に※印で補足してあります。
- 他のページで詳しく説明しているものは、（→p.125）など参照ページを示しています。
- 鍋やこんろにはそれぞれクセがあります。火力や加熱時間は、状態を見ながら加減してください。
- でき上がり写真は盛りつけ例です。材料表の分量どおりでないことがあります。

ロールずし

ハウススペシャルロール

レシピ P.18

ロールずしとは、日本でいう巻きずしのことですが、
今や、世界中に「ロール」の名で知られ、
伝統的な組み合わせや形、味を超えた
新しいおいしさが生まれています。
そこには NOBU が産みの親となって広がり、
世界中でスタンダードになったものも多くあります。
ここでは、そんな料理の数々に加え、
巻き方のテクニックをきちんとご紹介します。
伝統的なすしでは太巻きサイズにあたる「中巻き」、
ひと口でいただける「細巻き」、ハレの日に作りたい
「太巻き」、人が集うときにぴったりの「手巻き」など、
ご家庭でもどうぞお試しください。

ハウススペシャルロール

HOUSE SPECIAL ROLL

アメリカ人好みのすしネタトップ3はまぐろ（ツナ）、サーモン、イエローテイル（はまち）。これらに蟹やアボカドなどを加えた、贅沢ロール。食べるたびに違う具とすし飯が味わえるのも、この巻きもののおいしさ。

材料（ロール1本分）

すし飯……120g

焼き海苔……½枚

まぐろ赤身……12g（長さ10cm×1cm角の棒状）

サーモン……12g（長さ10cm×1cm角の棒状）

すずき[※1]……12g（長さ10cm×1cm角の棒状）

はまち[※2]……12g（長さ10cm×1cm角の棒状）

ずわい蟹の足身（ゆでたもの）……1本

アボカド……1/12個[※3]

万能ねぎ（小口切り）……大さじ1

まさご[※4]……大さじ1

わさび……好みで

紅芯大根のかつらむき（→右記）……幅10.5cm×長さ30cm

[※1] 他の白身魚を使ってもよい。

[※2] ぶりでも代用可。

[※3] アボカド1個を縦半分に切って種を取り、皮をむいてそれぞれ縦に6等分した、1切れを使う。

[※4] ししゃもの卵の加工品。とびこでも代用可。

中巻きの基本

1 巻き簾の上に、海苔を縦長に置く。このとき、光沢のないほうを上にして置く。

2 氷水で手をぬらし、すし飯を俵形にまとめる。海苔の向こうから⅓の位置に置く。

3 指をぬらし、すし飯をふわっと均等に広げる。米粒を押しつけてつぶさないように注意。

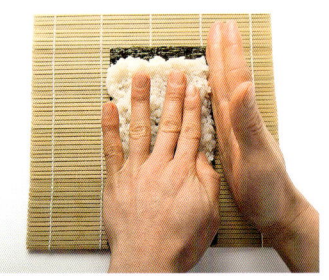

4 海苔の左右からすし飯がはみ出さないよう、手のひらを添えて端まできっちりと広げる。

5 天地は上に3cm、下に1cm余白を残して広げる。海苔と巻き簾の端を手前で揃えておく。

6 中央にわさびを線状に塗り、万能ねぎとまさごをスプーンで広げる。その上に魚介とアボカドを並べる。

7 巻き簾の下に親指を添え、他の指で海苔と具材を押さえながら巻き簾を持ち上げる。

8 巻き簾の端をすし飯の向こう端に持っていくよう一気に巻き、4本の指で手前に向かって引き寄せるようにして形づくる。

9 巻き簾だけを持ち上げてすしを向こうに転がし、残りの海苔にかぶせる。

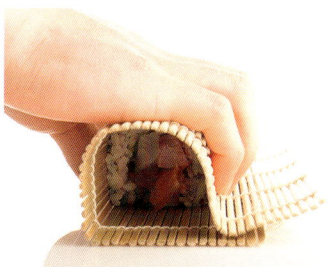

10 巻き簾の上からもう一度全体に軽く押さえ、形をととのえる。

11 かつらむきして水分を拭き取った紅芯大根をかぶせて巻く。

12 包丁で、1本を6等分に切る。1回切るごとにぬれ布巾で刃をぬぐうときれいに切れる。

NOBUスタイル ①
ロールに野菜の〝かつらむき〟を巻く

NOBU のロールには、仕上げに大根やきゅうりなど、生食できる野菜のかつらむきをひと巻きするものが多くあります。これは黒い食べものの好まれないアメリカで、海苔をダイレクトに見せないための知恵と工夫から考えたもの。しかも野菜のナチュラルな色、透き通るような美しさ、シャキシャキとした歯切れよさ、そして爽やかなあと口、どれもがロールを食べ飽きることなくおいしくしてくれます。きれいな色の大根やにんじんで彩るのもよいでしょう。

かつらむきの基本

1 大根を長さ10.5～11cmほどの筒切りにする。真ん中より少し下側を使うと、適度に水分があって柔らかいのでむきやすい。

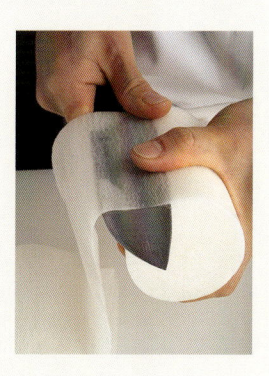

2 筒切りの細い方を手前側にして左手（左利きの場合は右手）で持ち、まず皮を厚さ1～5mmむく。このとき、できるだけ円柱形にむきととのえる。

3 厚さ0.8mmを目標にかつらむきを始める。左手の親指で刃を押さえながら、右手の親指で刃を送るようにして方向をコントロールし、包丁を前後させながら少しずつ刃を進める。

4 必要分をむき終わったら、海苔よりも少し長めの10.5cm×30cmに切り揃える。軽く水洗いしてからくるくると巻き、ラップで包んで使うまで冷蔵庫で保存する。

ソフトシェルクラブロール

サーモンスキンロール

ソフトシェルクラブロール

SOFT-SHELL CRAB ROLL

NOBU を代表する巻きもののひとつ。揚げたてアツアツのソフトシェルクラブの旨み、カリッとした食感、油のコクがすし飯をよりおいしくしてくれます。

材料（ロール1本分）

すし飯……120g
焼き海苔……½枚
ソフトシェルクラブ※1……130g のもの1ぱい
片栗粉……適量
揚げ油（サラダ油）……適量
万能ねぎ（小口切り）……大さじ1
まさご※2……大さじ1
アボカド……1/12個※3
きゅうりのかつらむき（→ p.19）……幅10.5cm ×長さ30cm

※1 脱皮した直後のわたり蟹のこと。殻がまだ柔らかく、揚げると殻ごと食べられる。
※2 ししゃもの卵の加工品。とびこで代用可。
※3 アボカド1個を縦半分に切って種を取り、皮をむいてそれぞれ縦に6等分した、1切れを使う。

1 ソフトシェルクラブは洗って水気をよく拭き取り、片栗粉をまぶす。足や甲羅の裏側なども指を使ってまんべんなくまぶす。

2 揚げ油を180℃に熱して1を入れる。1分ほどしたらひっくり返し、ジャーという音が小さくなったら網に上げる。

3 5分ほどおき、少ししんなりとしたら、再度180℃の油で揚げる。このときは短時間（3分）で、外側がカリッとなるように仕上げる。

4 巻き簾の上に海苔を縦長に置き、すし飯を広げ、中央にまさごと万能ねぎを広げてアボカドを並べる。揚げたてのソフトシェルクラブを半分に切って置き、巻きやすいように少し手で押さえながら巻く。

5 きゅうりのかつらむきをかぶせて巻き、6等分に切る。

サーモンスキンロール

SALMON SKIN ROLL

香ばしく焼いたスモークサーモンの皮は、ちょうどよいあんばいの塩気と旨みがあって、すし飯との相性よし。クリーミーなアボカドが全体をやわらかくまとめてくれます。

材料（ロール1本分）

すし飯……120g
焼き海苔……½枚
スモークサーモンの皮……5cm × 13cm（約30g）
オリーブ油……大さじ1
スモークサーモンの身……適量※1
万能ねぎ（小口切り）……大さじ1
貝割れ菜……適量
山ごぼうの漬物（市販）……1本
アボカド……1/12個※2
糸がきかつお……適量
煎り白ごま……小さじ1
大葉……2枚
にんじんのかつらむき（→ p.19）……幅10.5cm ×長さ30cm

※1 スモークサーモンの皮に身が充分ついている場合は不要。
※2 アボカド1個を縦半分に切って種を取り、皮をむいてそれぞれ縦に6等分した、1切れを使う。

1 フライパンにオリーブ油を温め、スモークサーモンの皮を皮目から入れて中火で焼く。脂が浮いてくるのでへらで押しつけながらしっかりと焼く。ひっくり返して色が変わったらすぐ引き上げる（皮目側がカリッとすればOK）。5mm幅の細切りにする。

2 スモークサーモンの身も焼き、粗くほぐす。

3 巻き簾の上に焼き海苔を縦長に置き、すし飯を広げ、中央に万能ねぎと大葉をのせる。その上にアボカドと山ごぼう、葉を外に向けた貝割れ菜を並べる。サーモンの皮と身をのせ、いちばん手前に煎り白ごまをふって糸がきかつおをのせ、巻く。

4 にんじんのかつらむきをかぶせて巻き、6等分に切る。

ベジタブルロール

VEGETABLE ROLL

さっぱりといただきたいときには、野菜だけのヘルシーロールを。野菜の爽やかな香り、オクラの粘りに、山ごぼうの塩気がちょうどよいアクセント。野菜の断面の美しさも、おいしさのひとつです。

材料（ロール1本分）

すし飯……120g
焼き海苔……½枚
オクラ……1〜2本
アボカド……1/12個※
グリーンアスパラガス……½〜1本
山ごぼうの漬物（市販）……1本
きゅうり……¼本
貝割れ菜……適量
大葉……1枚
万能ねぎ（小口切り）……大さじ1
煎り白ごま……小さじ1
黄色にんじんのかつらむき（→ p.19）……幅10.5cm ×
　長さ30cm

※アボカド1個を縦半分に切って種を取り、皮をむいてそれぞれ縦に6等分した、1切れを使う。

下準備

■　オクラは軸を落とし、がくの堅い部分を包丁でむき取る。

■　アスパラガスは根元の堅い部分を切り落とし、さらに根元側の皮が堅い場合はむく。塩（材料表外）を加えた熱湯でゆでる。焼き海苔の長さに揃えて切り、太ければ縦半分に切る。

■　きゅうり1本の両端を切り落とし、焼き海苔の長さに揃えて切る。縦8等分に切った2切れを使う。

1　巻き簾の上に焼き海苔を縦長に置き、すし飯を広げ、大葉をのせて万能ねぎを散らす。アボカド、山ごぼうの漬物、きゅうり、アスパラガス、オクラ、葉を外に向けた貝割れ菜を並べる。煎り白ごまをふって巻く。

2　黄色にんじんのかつらむきをかぶせて巻き、6等分に切る。

トロロッサロール

TORO ROSSA ROLL

炙りたてのトロは、脂がほんのり
溶けて旨みは最高潮！ 存分に味
わうため、海苔にすし飯を広げて
用意してから炙り、巻いてすぐい
ただきます。そのタイミングも、
おいしさの決め手。

材料（ロール1本分）

すし飯……120g
焼き海苔……½枚
まぐろのトロ……12gのもの2切れ
ピンクロッサ（フリルレタス）……1〜2枚
貝割れ菜……適量
万能ねぎ（小口切り）……大さじ1
長ねぎの白い部分……5cm
にんにくチップ
　　にんにく……適量
　　揚げ油（サラダ油）……適量
にんにく醤油（→p.153）……大さじ2
コチュジャン西京味噌ソース（→p.153）……大さじ1
大根のかつらむき（→p.19）……幅10.5cm×長さ30cm

下準備

■ 白髪ねぎを作る。長ねぎの白い部分に縦に切り目を入れて芯
を抜く。縦にごく細いせん切りにし、2〜3分水にさらしてざ
るに上げる。ペーパータオルで水気を拭く。

■ にんにくチップを作る。にんにくの皮をむいてスライスし、低
温（約100℃）に熱したひたひたの油に入れる。よくかき混
ぜながら、5分くらいかけて弱火で徐々に温度を上げる。約
160℃を目標に、にんにくの色が変わる前に引き上げる。ペー
パータオルの上に重ならないように広げ、そのまま冷ます。

1 巻き簾の上に焼き海苔を縦長に置き、すし飯を広げ、万能ね
ぎをのせてピンクロッサを置く。白髪ねぎ、葉を外に向けた
貝割れ菜、にんにくチップを並べる。

2 ボウルににんにく醤油を入れ、トロを加えてさっと和える。す
ぐに網を直火で熱し、トロをのせて片面5秒ずつ両面を炙る。

3 1の上に炙ったトロをのせ、コチュジャン西京味噌ソースを塗
り、巻く。

4 大根のかつらむきをかぶせて巻き、6等分に切る。

ニュースタイルサシミの細巻き

"NEW STYLE SASHIMI" ROLL

ひと口でいただける細巻き。食べると、海苔の磯の香り
と、ごく軽く火が入った新鮮な刺身、すし飯のおいしさ
がひとつになって、味わいが広がります。

材料（ロール1本分）

すし飯……70g
焼き海苔……½枚
すずき※……13gのもの3切れ
おろしにんにく……1g
チャイブ……4〜5本
生姜……1かけ
煎り白ごま……小さじ1
柚子ソイソース（→p.153）……大さじ1弱
ニュースタイルオイル（→p.153）……小さじ2

※他の白身魚、サーモン、帆立貝柱、甘海老などでも代用可。

下準備

■ チャイブを5cm長さに切る。

■ 針生姜を作る。生姜は皮をむいてごく薄くスライスし、さらに
極細切りにする。2〜3分水にさらし、ざるに上げてペーパー
タオルで水気を拭く。

■ すずきを皿に並べ、ティースプーンの裏でおろしにんにくをごく
少量ずつ塗る。チャイブと針生姜をのせて煎り白ごまをふり、
柚子ソイソースをふりかける。

■ 細巻きを巻く直前にニュースタイルオイルを小鍋に入れ、煙が
出るまで熱する。一気にすずきに回しかけ、すぐに巻き始める。

細巻きの基本

1 巻き簾に焼き海苔を横長
に置く。すし飯を俵形に
まとめ、焼き海苔の中央にのせ
て広げる。

2 すし飯は上2cm、下1cm
の余白を残し、左右は端
まで広げる。中央にすずきを
チャイブや針生姜ごと並べる。

3 焼き海苔と巻き簾の端を
手前で揃え、巻き簾を持
ち上げてすし飯の向こう端に向
かって巻く。4本の指で手前に
引き寄せるようにして形づくる。

4 巻き簾を持ち上げて中の
すしを転がし、残りの焼
き海苔をかぶせる。

5 巻き簾を戻して全体に軽
く押さえ、四角もしくは
Ω形に形をととのえる。包丁
で6等分に切る。

NOBUスタイル
②
ニュースタイルサシミ

新鮮な刺身にチャイブ、針生姜をのせ、柚子ソイソースをかけてから、煙が出るほどアツアツにした油を「ジュッ」とかけるのが基本メソッド。刺身にはほんの少しだけ火が入り、完全な生とはまた違った生き生きとしたおいしさが生まれます。薬味やソースの香りが立つ、油をかけた瞬間をいただくのがおいしいポイント。生魚が苦手なかた、とくに外国のかたにおすすめです。この料理が生まれたきっかけも、生魚が食べられないなじみのお客さまに、白身魚の刺身をおいしく食べてもらいたい、という一心から。キッチンで思いついたこのメソッドは、今や白身魚だけでなく、サーモン、帆立、いか、かきといった魚介類、アスパラガスなどの野菜などにも使え、料理の幅を広げてくれます。

塩押しきゅうりの細巻き

はまちのハラペーニョロール

アスパラツナロール

はまちの
ハラペーニョロール

YELLOWTAIL AND
JALAPENO ROLL

脂ののったはまちにピリッと辛いハ
ラペーニョがアクセント。

材料（ロール 1 本分）

すし飯……70g

焼き海苔……½枚

はまち[1]……30g（長さ 21cm × 1cm
　角の棒状）

ハラペーニョチリ[2]（種を取って薄切り）
　……½本分

香菜の葉……5g（約10枚）

[1] ぶりやかんぱちでも代用可。

[2] 濃い緑色をしたメキシコの唐辛子。辛みが
強すぎない。

1 巻き簾に焼き海苔を横長に置き、すし
飯を広げる。

2 ハラペーニョチリと香菜、はまちをの
せて巻く。

3 包丁で 6 等分に切る。

塩押しきゅうり
の細巻き

SALT-PICKLED
CUCUMBER ROLL

コリッと歯切れよい食感のきゅうり
に、もう 1 個、と手がのびます。

材料（ロール 1 本分）

すし飯……70g

焼き海苔……½枚

塩押しきゅうり[※]

　きゅうり……1 本

　粗塩……適量

みょうが……½個

煎り白ごま……小さじ 1

わさび……好みで

※ 保存がきくので、まとめて作っておくとよ
い。作り方は下記。

下準備

■ 塩押しきゅうりを作っておく。きゅうり
をたっぷりの粗塩の中に埋め、冷蔵
庫で 1 か月おく。途中、水が出てくる
ので 2 〜 3 回塩を取り替える。使う前
に 10 分ほど水
にさらして塩抜
きをし、水気
を絞って小口切
りにする。

■ みょうがは縦にせん切りにし、水に 2
〜 3 分さらしてざるに上げる。ペー
パータオルで水気を拭く。

1 巻き簾に焼き海苔を横長に置き、すし
飯を広げる。好みでわさびを塗る。

2 塩押しきゅうりとみょうがをのせて、煎
り白ごまをふって巻く。

3 包丁で 6 等分する。

アスパラ
ツナロール

TUNA AND ASPARAGUS
ROLL

アスパラとツナは、NOBU 定番の
組み合わせ。どなたにも人気の味わ
いです。

材料（ロール 1 本分）

すし飯……70g

焼き海苔……½枚

まぐろ赤身……30g（長さ 21cm × 1cm
　角の棒状）

グリーンアスパラガス……½本

アボカドマヨネーズ（→ p.153）……
　小さじ 2

下準備

■ アスパラガスは根元の堅い部分を切
り落とし、さらに下 5cm ほどの皮をむ
く。湯を沸かして塩（材料表外）を加
え、アスパラガスをゆでる。焼き海苔
の長さに揃えて切り、太い場合は縦
半分にする。

1 巻き簾に焼き海苔を横長に置き、すし
飯を広げる。

2 まぐろとアスパラガスをのせ、ソース
用の容器や絞り袋に入れたアボカドマ
ヨネーズを線状に絞って巻く。

3 包丁で 6 等分に切る。

カリフォルニアロール

CALIFORNIA ROLL

伝統的な海苔巻きとは逆に、すし飯が外側、海苔が内側になる「裏巻き」。とろりとクリーミーなアボカドと、贅沢に使った蟹肉が、リッチな味わい。

材料（ロール1本分）

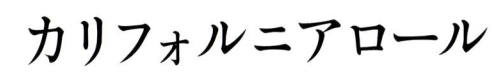

すし飯……100g
焼き海苔……1/2枚
ずわい蟹の足身（ゆでたもの）……2本
きゅうり……1/6本[※1]
アボカド……1/12個[※2]
煎り白ごま……適量
わさび……好みで

※きゅうり1本の両端を切り落とし、長さを半分にする。さらにそれぞれ縦に6等分した2切れを使う。

※アボカド1個を縦半分に切って種を取り、皮をむいてそれぞれ縦に6等分した、1切れを使う。

裏巻きの基本

1 巻き簾をラップで巻いて表裏をすべて覆う。焼き海苔を横長に置く。すし飯を手で俵形にまとめ、焼き海苔に置いて広げる。

2 上に1cmの余白を残し、下は少し焼き海苔からはみ出すくらいまで広げる。煎り白ごまをふる。

3 海苔の手前の端を両手で持ち、向こう側に向かってひっくり返す。海苔に好みでわさびを塗り、きゅうり、アボカド、ずわい蟹をのせる。

4 巻き簾と焼き海苔の端を手前で揃える。巻き簾の下に親指を添えて、残りの指で具を押さえながら、巻き簾を持ち上げて巻く。

5 巻き簾を持ち上げて中のすしを転がし、残りのすし飯と焼き海苔にかぶせる。

6 巻き簾を戻してもう一度全体に軽く押さえ、四角もしくはΩ形（オーム）に形をととのえる。包丁で6等分に切る。

シュリンプ天ぷらロール

SHRIMP TEMPURA ROLL

海老の天ぷらを具にした大人気のロール。アスパラガス
を組み合わせた、王道のおいしさです。

材料（ロール1本分）

すし飯……100g
焼き海苔……½枚
ブラックタイガー海老……30gのもの2尾
天ぷら衣（作りやすい量）
　薄力粉……100g
　卵（冷たいもの）……1個
　冷水……200㎖
グリーンアスパラガス……1〜2本
スパイシーマヨネーズ（→ p.153）……小さじ2
煎り白ごま……適量
揚げ油（サラダ油）……適量

下準備

■　アスパラガスは根元の堅い部分を切り落とし、さらに下部
　5cmほどの皮をむく。塩（材料表外）を加えた熱湯でゆで、焼
　き海苔の長さに揃えて切る。太い場合は縦半分に切る。

■　天ぷら衣を作る。卵に冷水を合わせて溶き、薄力粉を加え
　る。泡立て器でダマをつぶすようにして軽く混ぜ、使うまで冷
　蔵庫で保存する。

1　天ぷらを作る。海老の殻をむき、腹側3か所に切り目を入
　れ、背側をしごくようにして切り目を開き、身をまっすぐにのば
　す。刷毛で薄力粉（分量外）を薄くまぶし、衣にくぐらせる。
　揚げ油を170℃に熱して海老を入れ、約3分揚げる。

2　巻き簾をラップで巻いて表裏をすべて覆う。焼き海苔を横長
　に置き、すし飯を広げる。煎り白ごまをふり、手前を持って向
　こう側に向かってひっくり返す。

3　海苔の上に天ぷらとアスパラガスを並べ、スパイシーマヨネー
　ズを絞って巻く。

4　包丁で6等分に切る。

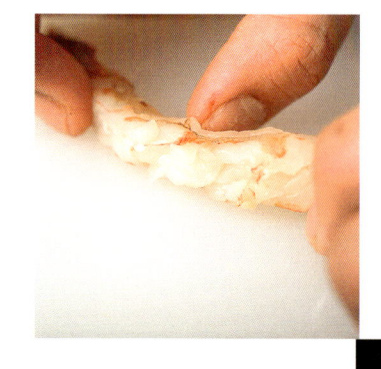

スパイシーロール3種

SPICY ROLL

人気のすしネタ、まぐろ（ツナ）、はまち、サーモンを、NOBU の
定番ソース、スパイシーマヨネーズで食べごたえのある味つけに。

チャイブ仕立て

材料（ロール 1 本分）

すし飯……100g
焼き海苔……½枚
サーモン……30g（長さ 21cm × 1cm 角
　の棒状）
グリーンアスパラガス……1〜2 本
スパイシーマヨネーズ（→ p.153）……
　小さじ 2
チャイブ（小口切り）……適量
わさび……好みで

下準備

■　アスパラガスは根元の堅い部分を切り
　落とし、さらに下部 5cm ほどの皮を
　むく。塩（材料表外）を加えた熱湯で
　ゆで、焼き海苔の長さに揃えて切る。

1　巻き簾をラップで巻いて表裏をすべて
　覆う。焼き海苔を横長に置き、すし飯
　を広げる。チャイブをふってひっくり
　返す。

2　海苔の上に好みでわさびを塗り、サー
　モンとアスパラガスを並べる。スパイ
　シーマヨネーズを絞り、巻く。

3　包丁で 6 等分にする。

唐辛子仕立て

材料（ロール 1 本分）

すし飯……100g
焼き海苔……½枚
はまち……30g（長さ 21cm × 1cm 角の
　棒状）
グリーンアスパラガス……1〜2 本
スパイシーマヨネーズ（→ p.153）……
　小さじ 2
一味唐辛子……適量
わさび……好みで

下準備

■　アスパラガスは根元の堅い部分を切り
　落とし、さらに下部 5cm ほどの皮を
　むく。塩（材料表外）を加えた熱湯で
　ゆで、焼き海苔の長さに揃えて切る。

1　巻き簾をラップで巻いて表裏をすべて
　覆う。焼き海苔を横長に置き、すし飯
　を広げる。一味唐辛子をまんべんなく
　ふってひっくり返す。

2　海苔の上に好みでわさびを塗り、はま
　ちとアスパラガスを並べる。スパイシー
　マヨネーズを絞り、巻く。

3　包丁で 6 等分に切る。

黒ごま仕立て

材料（ロール 1 本分）

すし飯……100g
焼き海苔……½枚
まぐろ赤身……30g（長さ 21cm × 1cm
　角の棒状）
グリーンアスパラガス……1〜2 本
スパイシーマヨネーズ（→ p.153）……
　小さじ 2
煎り黒ごま……適量
わさび……好みで

下準備

■　アスパラガスは根元の堅い部分を切り
　落とし、さらに下部 5cm ほどの皮を
　むく。熱湯に塩（材料表外）を加えて
　ゆで、焼き海苔の長さに揃えて切る。

1　巻き簾をラップで巻いて表裏をすべて
　覆う。焼き海苔を横長に置き、すし飯
　を広げる。煎り黒ごまをふってひっくり
　返す。

2　海苔の上に好みでわさびを塗り、まぐ
　ろ赤身とアスパラガスを並べる。スパ
　イシーマヨネーズを絞り、巻く。

3　包丁で 6 等分に切る。

お正月の太巻き

NEW YEAR'S LUCKY FUTOMAKI ROLL

海老、蟹、数の子、だし巻き玉子、〆さば、穴子など、贅を尽くした、お祝い事にふさわしい豪華な太巻き。直径 10cm もあろうかという大きさも、特別な日に趣を添えてくれます。

材料（ロール 1 本分）

すし飯……500g

焼き海苔……3 枚

きゅうり……1 本

車海老……2 尾

ずわい蟹の足身（ゆでたもの）……3 本

子持ち昆布（または数の子）……20g

だし巻き玉子（→ p.91「うに入りだし巻き玉子」のうにを入れずに作る）……30g

〆さば（→ p.75）……30g

煮穴子（→ p.152）……30g

かんぴょう煮（→ p.152）……20g

椎茸の旨煮（→ p.150）……20g

万能ねぎ（小口切り）……大さじ 2

まさご※……大さじ 2

わさび……好みで

※ししゃもの卵の加工品。とびこで代用可。

下準備

- きゅうりは両端を切り落とし、焼き海苔の長さに切る。

- 車海老をゆでる（→ p.150）。

- 子持ち昆布と〆さば、煮穴子は幅を 3 等分に切る。玉子焼きは 1cm 角の棒状に、椎茸の旨煮は 5 〜 6mm 幅に切る。

- 焼き海苔は 1 枚の長い辺を縦にして置き、上端にすし飯を少しのばして糊代わりにし、もう 1 枚を重ねて 2 枚をつなげる。

太巻きの基本

1 氷水で手をぬらし、すし飯を俵形にまとめる。2 枚をつなげた焼き海苔の上のほうにのせ、下に向かって均等に広げる。

2 上に 5cm、下に 4cm の余白を残し、左右はきっちりと端まで広げる。真ん中より少し下の位置にもう 1 枚の焼き海苔を重ね、好みでわさびを塗る。

3 いちばん手前、すし飯の端にきゅうりをのせ、その他の具材を材料表の順に並べる。このとき、具材がのっていないすし飯が奥に一部残るようにする。

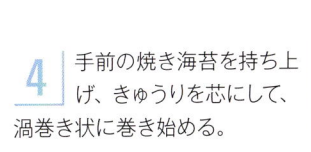

4 手前の焼き海苔を持ち上げ、きゅうりを芯にして、渦巻き状に巻き始める。

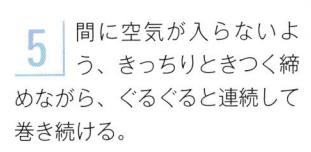

5 間に空気が入らないよう、きっちりときつく締めながら、ぐるぐると連続して巻き続ける。

6 氷水で指をぬらし、両脇にはみ出したすし飯を押さえる。包丁で 8 等分に切る。

 MEMO　お正月用の太巻きは予約でテイクアウト可能。専用の木箱に入った姿は、ハレの日にふさわしい贅沢な趣があります。

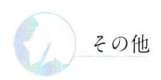

ドラゴンロール

DRAGON ROLL

サーモンとアスパラの巻きものが、美しい黄緑色のアボカドをかぶせるだけで彩りよく、リッチな味わいに。これも人気の定番ロールのひとつ。他の裏細巻きで作るとバリエーションが広がります。

材料（ロール1本分）

すし飯……100g

焼き海苔……½枚

サーモン……30g（長さ21cm × 1cm角の棒状）

グリーンアスパラガス……1本

煎り白ごま……適量

わさび……好みで

まさご※1……小さじ1

アボカド……½個※2

※1 ししゃもの卵の加工品。とびこで代用可。

※2 縦半分に切って種を取り、皮をむいたもの。

下準備

- アスパラガスは根元の堅い部分を切り落とし、さらに下部5cmほどの皮をむく。塩（材料表外）を加えた熱湯でゆで、焼き海苔の長さに揃えて切る。

1 カリフォルニアロール（→ p.30）の要領で、サーモンとアスパラガスの細裏巻きを作る。まず巻き簾をラップで巻いて表裏をすべて覆い、焼き海苔を横長に置く。すし飯を俵形にまとめ、焼き海苔にのせて広げる。煎り白ごまをまんべんなくふってひっくり返し、好みでわさびを塗り、サーモンとアスパラガスをのせて巻く。

2 アボカドを横に置き、できるだけ薄く、約1mm厚さの斜めにスライスする。このときに断面の長さが7cm前後になる角度でスライスすると、あとで巻きやすい。

3 アボカドのスライスを慎重に指で押してずらし、下に包丁を差し込んで持ち上げる。

4 ラップを広げ、その上に包丁をひっくり返してアボカドをのせる。アボカドの上にまさごを広げて1の裏巻きをのせる。

5 ラップを持ち上げてアボカドをかぶせ、上下をひっくり返す。

6 ラップの上から巻き簾をかぶせ、軽く押さえて形をととのえる。

7 形がととのったら包丁で8等分に切る。

レインボーロール

RAINBOW ROLL

サーモンのピンク、まぐろの赤、鯛の白……という具合に、7色のカラフルなネタを巻いた様子は、まるで虹のよう。ネタや色の配色は、お好みでどうぞ。

（ロール1本分）
すし飯……100g
焼き海苔……½枚
ずわい蟹の足身（ゆでたもの）……2本
きゅうり……⅙本※
煎り白ごま……大さじ1
好みのすしネタ（サーモン、鯛、まぐろの赤身、
　こはだの酢〆など）……各12gのもの1～2切れ
大葉……適量
わさび……好みで

※きゅうり1本の両端を切り落とし、長さを半分にする。さらにそれぞれ縦に6等分した2切れを使う。

1 カリフォルニアロール（→ p.30）の要領で、ずわい蟹の足身ときゅうりの細裏巻きを作る。まず巻き簾をラップで巻いて表裏をすべて覆い、焼き海苔を横長に置く。すし飯を俵形にまとめ、焼き海苔にのせて広げる。煎り白ごまをまんべんなくふってひっくり返し、好みでわさびを塗る。ずわい蟹の足身ときゅうりをのせて巻く。

2 巻き簾にラップを広げ、その上に、魚や大葉を少しずつずらしながら一直線に並べる。このとき、下に向けた面が最終的に表側になることを考えて並べる。

3 好みでわさびを塗って、裏巻きをのせる。

4 巻き簾で巻いて形をととのえ、包丁で6等分に切る。

野沢菜ロール

NOZAWA-NA ROLL

野沢菜を海苔代わりにして、さっぱりとした味わいのロールずしに。すし飯に薬味を混ぜて爽やかに、そして芯には甘くて旨みの強いトマトを使ったベジロールのひとつです。

材料（ロール 1 本分）

すし飯……120g
野沢菜漬け……2 枚
長ねぎの白い部分……5cm
みょうが……½ 個
大葉……2 枚
がり生姜……適量
煎り白ごま……適量
フルーツトマト……2 ～ 4 個

下準備

■ 白髪ねぎを作る。長ねぎの白い部分は、縦に切り目を入れて芯を抜く。縦にごく細いせん切りにして 2 ～ 3 分水にさらし、ざるに上げてペーパータオルで水気を拭く。

■ みょうがもごく細いせん切りにして水にさらし、水気を拭き取る。

■ 大葉とがり生姜をみじん切りにする。

■ フルーツトマトは、くし形切りにする。

1 すし飯に白髪ねぎ、みょうが、大葉、がり生姜と煎り白ごまを混ぜる。このとき、しゃもじよりも箸で混ぜたほうが粘りが出ない。

2 巻き簾の上に、約 19cm × 12cm になるよう野沢菜漬けを横長に広げる。

3 1 を俵形にまとめ、野沢菜漬けの上に置く。上に 2 ～ 3cm、下に 2cm の余白を持たせて広げる。

4 3 の中央にトマトを並べ、巻く。

5 包丁で 6 等分に切る。

白菜ロール

PICKLED HAKUSAI ROLL

蟹、きゅうり、アボカドの具に、白菜漬けの歯ごたえとほんのりとした塩気がアクセント。サラダロール感覚でいただける爽やかな巻きもの。

材料（ロール 1 本分）

すし飯……100g
白菜漬け……1 ～ 2 枚
ずわい蟹の足身（ゆでたもの）……4 本
きゅうり……⅛ 本[※1]
アボカド……⅙ 個[※2]

[※1] きゅうり 1 本の両端を切り落とし、長さを半分にする。さらにそれぞれ縦に 4 等分した 1 切れを使う。

[※2] アボカド 1 個を縦半分に切って種を取り、皮をむいてそれぞれ縦に 6 等分した、2 切れを使う。

1 巻き簾の上に、約 19cm × 12cm になるよう白菜漬けを横長に広げる。白菜漬けが小さければ 2 枚を重ねて使う。

2 すし飯を俵形にまとめ、白菜漬けの上に置く。上に 2 ～ 3cm、下に 2cm の余白を持たせてすし飯を広げる。

3 すし飯の中央にきゅうり、ずわい蟹の足身、アボカドを並べて巻く。

4 包丁で 6 等分に切る。

カリフォルニア ハンドロール

CALIFORNIA HAND ROLL

手巻きずしは巻きたてを「さぁどうぞ」と手渡しして、すぐに食べていただきましょう。海苔のパリッとした歯切れのよさも、おいしさのひとつです。

材料（1本分）

すし飯……50g
焼き海苔……½枚
ずわい蟹の足身（ゆでたもの）……2本
きゅうり（薄切り）……⅛本分[※1]
アボカド……1/12個[※2]
わさび……好みで

[※1] きゅうり1本の両端を切り落とし、長さを半分にする。さらにそれぞれ縦に4等分した1切れを使い、薄切りにする。

[※2] アボカド1個を縦半分に切って種を取り、皮をむいてそれぞれ縦に6等分した、2切れを使う。

手巻きの基本

1 焼き海苔は一方の端に切り込みを入れる。焼き海苔の切り込みを入れないほうを手のひらに置き、すし飯をのせて軽くほぐす。

2 海苔幅の⅓〜半分まで、指ですし飯をやさしく広げる。

3 好みでわさびを塗り、ずわい蟹の足身、きゅうり、アボカドをのせる。

4 細巻きのように端からきっちりと巻き込み、切り込みを入れたところから海苔片をちぎる。巻き終わりのロールと焼き海苔の間に挟み込む。

5 ロールの下端を覆う。

MEMO 手巻きずし（ハンドロール）には、大きく2つの巻き方があります。上記の基本でご紹介したのは、食べやすさを大切にした方法。上下ともほぼ同じ太さになるので、食べやすく、しかも具とすし飯がいつもベストバランスでいただけます。最後に切り込みを入れた海苔をちぎって、さりげなく下端を覆うのも、食べる人への気遣い。すし飯が下から落ちる心配がありません。もうひとつは、コルネ状に上が開いた状態になる巻き方。見た目の華やかさやプレゼンテーションを大切にするならこちら。p.46のようにグラスに入れるとお洒落になります。

たらば蟹の
石窯焼き
ハンドロール

GRILLED KING CRAB
HAND ROLL

アツアツのたらば蟹をほおばるように
していただく、贅沢な手巻きずし。口
いっぱいに広がった旨みに、細切り野
菜の歯触りが心地よく、おいしさを増
幅させてくれます。

材料（1本分）

すし飯……50g
焼き海苔……½枚
たらば蟹の足身（ゆでたもの）……1本
塩、こしょう……各少量
ピュア・オリーブ油……小さじ1
きゅうり……5cm
大根……5cm
にんじん……5cm
セロリ……5cm
わさび……好みで

下準備

■ たらば蟹の足身はバットにのせ、塩、こ
しょうをふってオリーブ油を回しかけ、グ
リルかオーブントースターで軽い焼き色
がつくらいまで、5分ほど焼く。

■ きゅうり、大根、にんじん、セロリはそ
れぞれごく細いせん切りにする。2～3
分水にさらし、ざるに上げてペーパータ
オルでよく水気を拭き取る。4種類を合
わせておく。

1 左の手のひらに、焼き海苔を横長に置
く。すし飯をのせて、右手の指でやさし
く広げる。

2 好みでわさびを塗り、せん切り野菜とた
らば蟹の足身を重ね、コルネ形に巻く。

レモンの
ハンドロール
LEMON HAND ROLL

具はレモンときゅうり、大葉だけ。梅じそ風の組み合わせですが、もっと爽やかであと口もさっぱりとした、NOBU おすすめの手巻きずし。

材料（1本分）

すし飯……50g
焼き海苔……½枚
大葉……1枚
きゅうり（薄切り）……⅛本分※1
レモンの果肉……¼個※2
わさび……好みで
煎り白ごま……少量
しょうゆ塩（商品名。→p.171、または
　醤油）……少量

※1 きゅうり1本の両端を切り落とし、長さを半分にする。さらにそれぞれ縦に4等分した1切れを使い、薄切りにする。

※2 レモン1個を4つに輪切りにし、そのうち1切れの皮を包丁でむき、房の間に包丁を入れて果肉を取り出す。

1 左の手のひらに、焼き海苔を横長に置く。すし飯をのせて、右手の指でやさしく広げる。

2 好みでわさびを塗り、大葉、きゅうり、レモンを重ねる。煎り白ごまとしょうゆ塩をふって、コルネ形に巻く。

SOYシートのハンドロール4種

アメリカでは、手巻きずしに大豆から作る海苔のような
形のソイシートを使うのが人気です。ヘルシーで、ベジ
タリアンでもいただけ、ピンクや黄のカラフルな色が、
華やかな姿を演出します。

黄色

材料（1本分）

すし飯……50g

ソイシート（黄色）……½枚（18cm × 20cm）

ずわい蟹の足身（ゆでたもの）……1本

アボカド……$\frac{1}{16}$個[※1]

きゅうり……$\frac{1}{16}$本[※2]

わさび……好みで

[※1] アボカド1個を縦半分に切って種を取り、皮をむいてそれぞれ縦に4等分し、長さを半分に切った1切れを使う。

[※2] きゅうり1本の両端を切り落とし、長さを半分にする。さらにそれぞれ縦に8等分した1切れを使う。

1. 左の手のひらに、ソイシートを横長に置く。すし飯をのせ、右手の指でやさしく広げる。

2. 好みでわさびを塗り、具をのせ、コルネ形に巻く。

ピンク

材料（1本分）

すし飯……50g

ソイシート（ピンク）……½枚（18cm × 20cm）

山ごぼうの漬物……1本

アボカド……$\frac{1}{16}$個[※1]

オクラ……1本

大葉……2枚

貝割れ菜……適量

きゅうり……$\frac{1}{16}$本[※2]

わさび……好みで

[※1]、[※2] 上記の[※1]、[※2]を参照。

1. 左の手のひらに、ソイシートを横長に置く。すし飯をのせ、右手の指でやさしく広げる。

2. 好みでわさびを塗り、具をのせて、コルネ形に巻く。

緑

材料（1本分）

すし飯……50g

ソイシート（緑）……½枚（18cm × 20cm）

煮穴子（→ p.152）……30g

きゅうり……$\frac{1}{16}$本[※]

わさび……好みで

[※] 左記の[※2]を参照。

1. 左の手のひらに、ソイシートを横長に置く。すし飯をのせ、右手の指でやさしく広げる。

2. 好みでわさびを塗り、煮穴子ときゅうりをのせ、コルネ形に巻く。

ごま

材料（1本分）

すし飯……50g

ソイシート（ごまつき）……½枚（18cm × 20cm）

芝海老……3尾

天ぷら衣（→ p.32）……適量

揚げ油（サラダ油）……適量

スパイシーマヨネーズ（→ p.153）……少量

柚子の絞り汁[※]……少量

わさび……好みで

[※] 瓶詰の100%果汁でもよい。

1. シュリンプ天ぷら（→ p.32）と同様にして芝海老を天ぷら衣にくぐらせ、揚げ油で揚げる。スパイシーマヨネーズと柚子の絞り汁をボウルに入れ、揚げたての天ぷらを和える。

2. 左の手のひらに、ソイシートを横長に置く。すし飯をのせ、右手の指でやさしく広げる。

3. 好みでわさびを塗り、具をのせ、コルネ形に巻く。

 MEMO ソイシートは大豆を原料とした海苔状のもので、欧米では海苔のように使われて人気。日本ではJ-オイルミルズ（→ p.176）の「まめのりさん®」などの商品があります。

NOBU の手巻きずしパーティ BOX を公開！

すしネタ

すし飯

海苔やわさびなど

NOBUの手巻きずしパーティBOXを公開！

　ホームパーティが根づいているニューヨークでは、セレブリティたちが名レストランからのデリバリーでおもてなしすることも少なくありません。なかでもすしは、おいしくてヘルシーで、ニューヨーカーにとってパーティフードの花形。「NOBU New York」にも、手巻きずしのパーティBOXのデリバリーサービスがあります。デリバリーでは、NOBUの焼き印が押された3段の桐箱をお店のスタッフが届けます。ふたを開けるとすしネタ、すし飯、その他の海苔やわさび、がり生姜などがぎっしり。縦横に整然と並んだ姿は、日本らしい美意識にあふれています。

　すしネタに欠かせないのは人気のまぐろ、サーモン、はまち。さらにカリフォルニアハンドロールが作れるよう、蟹ときゅうり、アボカド。ほかにも海老やだし巻き玉子など、色とりどりにバリエーション豊かに詰められています。すし飯は手巻きずしの1本分にぴったりの量がわかるよう筋がついており、専用のへらですくい取ります。さらに手巻きずし用のサイズに切られた海苔、スパイシーロールの味の決め手となるNOBUオリジナルのスパイシーマヨネーズ、かくし味によく使うこく出しのごまなど、細部に至るまできめ細かな心遣いが感じられます。これをホストが巻いてゲストに手渡しし、作りたてをいただく。なんとも楽しく贅沢な美食のパーティになることでしょう。

　東京では残念ながらまだこのサービスはありませんが、たとえば持ち寄りパーティなどで、お手持ちの三段重に同じように詰めて持っていくと、きっと驚きの声が上がることでしょう。

PART 2

にぎりずし

すしの王道、にぎりずしは新鮮な魚介とすし飯、
そしてにぎる人の技が作り出す、シンプルながらも奥深い世界。
NOBU スタイルでは、にぎりずしのネタによりおいしく、
より美しくなるひと工夫がなされています。
にぎりの技と粋を、ていねいに教わりましょう。

NIG

IRI SUSHI

（右利きの場合。左利きのかたは、
左右を逆にしてください。）

NOBU直伝
にぎりの基本テクニック

〝握ってはいけない〟が、にぎりの極意。おいしいにぎりずしは、米粒と米粒の間に空気がふんわり入っていて、口に入れるとほろりとほどけていく——これでこそすし飯の旨さ、甘みが感じられ、ネタのおいしさと一緒になって「おいしい」となるわけです。ここでは細かく、1〜11のステップでテクニックをご紹介します。プロならものの数秒ですが、ご家庭なら時間がかかっても何度もくり返し作ってみること。ネタとすし飯もベストバランスになるよう、まずは計量して感じをつかみましょう。

　失敗しやすいいちばんの原因は、すしの上にのせた右手の指を下に押しつけてしまうこと。こうすることで米粒の間の空気が押しつぶされます。イメージは、右手の指は左手には接してもすしには接しない。両手の中にすしがすっぽり収まりきる感じで、形だけととのえましょう。

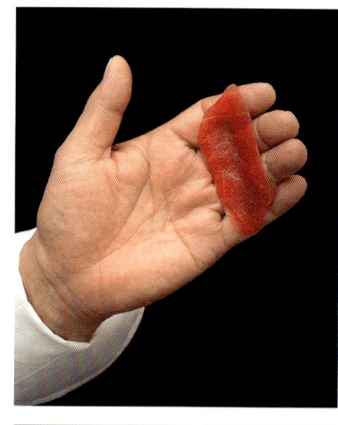

1 ネタ1切れ（12〜15g）を左手の指の上にのせる。

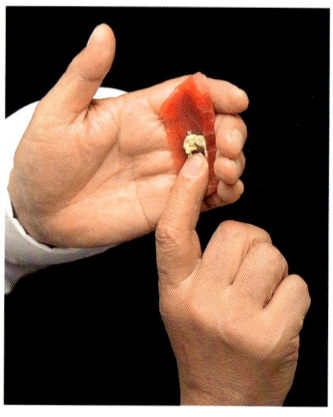

2 好みでわさびを塗る。

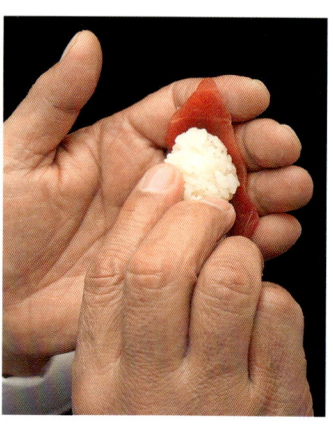

3 右手を氷水でぬらし、すし飯（15g）を軽くまとめてネタにのせる。

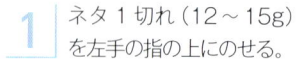

4 左手の親指ですし飯の真ん中を少し押さえてほぐし、空気を含ませる。

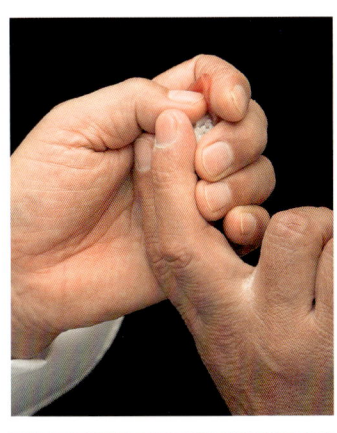

5 | 左手の指を軽く丸め、右手の人差し指と中指をすし飯にのせて形をととのえる。

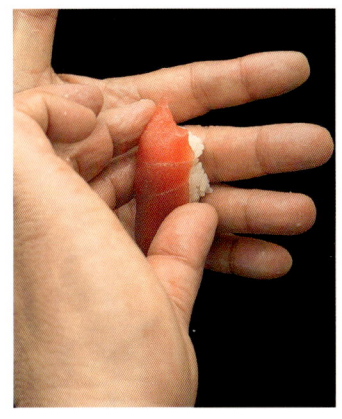

9 | 右手ですしを持ち上げ、方向を180度回転させる。

6 | 左手の親指で、すしを指先側へ押すようにしてひっくり返し、ネタが上にくるようにする。

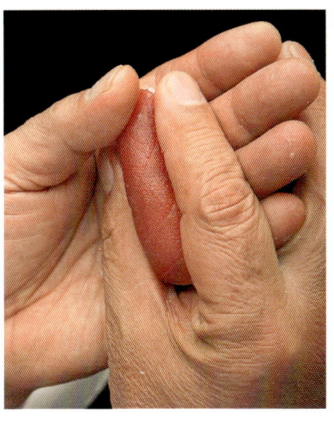

10 | 7の動作をくり返す。

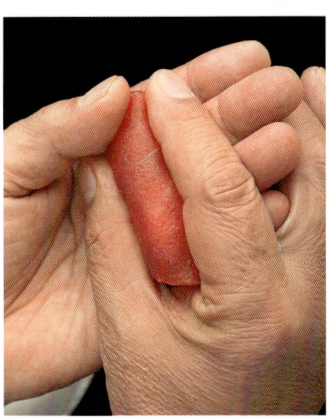

7 | 右手の親指と人差し指を、上から下へすべらせるようにして左右の形をととのえる。

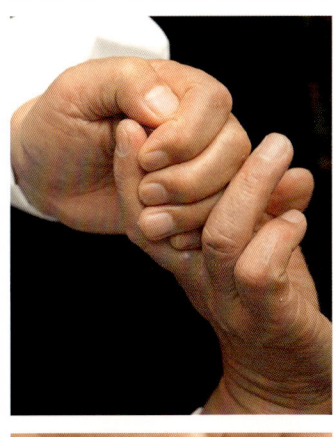

11 | 8の動作をくり返す。

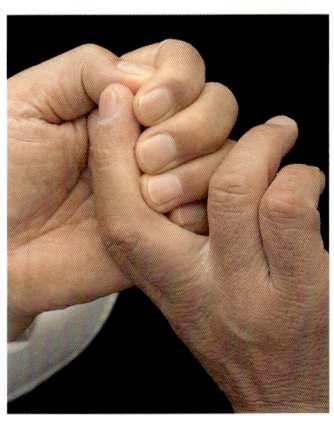

8 | 左手の指を軽く丸め、右手の人差し指と中指をネタの上にのせて形をととのえる。

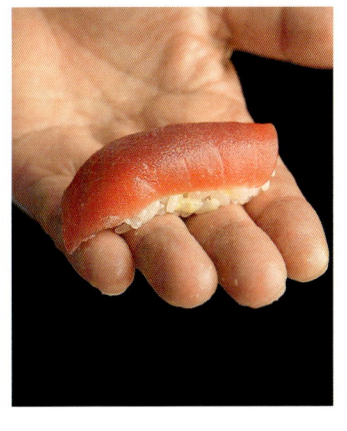

完成

まぐろ赤身の塩〆

SALT-CURED TUNA NIGIRI

塩でしめることで、驚くほど鮮烈な赤色になったまぐろの赤身。余分な水分が抜け、生の状態とはまったく違うねっとりとした食感になり、旨みも濃厚。テクニックはシンプルながら、思いもよらぬおいしさが生まれます。

材料（2 かん分）

すし飯……30g
まぐろの塩〆（作りやすい量）
　まぐろ赤身のさく……1 さく
　粗塩……まぐろの重量と同量
わさび……好みで

下準備

■　まぐろの塩〆を作る。粗塩をバットに広げてまぐろのさくを置き、塩を押しつけるようにしてまぶす。すべての面をまんべんなくたっぷりの塩で覆う。盆ざるにのせて、冷蔵庫で 40 分おく。これでにじみ出る水分が落ちる。塩を水で洗い流し、ペーパータオルで水気を拭き取る。

1　塩〆にしたまぐろのさくから 12g のものを 2 切れ切り出す。

2　まぐろを左手の指の上にのせる。好みでわさびを塗り、すし飯をのせてにぎる。醤油（材料表外）を添える。

トロの炙り

GRILLED TUNA NIGIRI

トロを焼き目がきちんとつくまで炙って、脂をほどよく
溶かしながら香ばしさもプラス。炙る面には切り目を入
れることで脂の表面積が広がり、旨みをより強く感じる
ようになります。旨みに負けないにんにく醤油でさらに
おいしさが広がります。

材料（2かん分）

すし飯……30g
中トロ※……13gのもの2切れ
にんにく醤油（→ p.153）……適量
わさび……好みで
※中トロの筋の多い部分や、背上（頭に近い、筋のかなり多い部位）の
身が手に入ればぜひ使いたい。火を入れると柔らかさや旨みが増してお
いしい。

1 トロの片面（筋がある部位の場合は、筋がより多く出ている
面）に、格子状に細かく切り目を入れる。

2 焼き網を熱し、トロの切り目を入れた面を下にしてのせ、20
秒ほど焼く。すぐににんにく醤油につけ、1〜2分おく。

3 トロの焼いた面を上にして左手の指の上にのせる。好みでわ
さびを塗り、すし飯をのせてにぎる。

天然ひらめのティラディート

FLOUNDER TIRADITO NIGIRI

NOBU スタイルを象徴するテクニックのひとつ、ティ
ラディートをにぎりずしにしてオリジナル〝しょうゆ
塩〟をぱらり。見た目の美しさと、そのままひと口で完
成される味のバランスが絶妙です。

材料（2 かん分）

すし飯……30g
天然ひらめ……12g のもの 2 切れ
香菜の葉……2 枚
ロコトチリソース（市販品）※1……少量
しょうゆ塩（商品名。→ p.171、または醤油）……適量
柚子の絞り汁※2……小さじ $\frac{1}{2}$
レモン汁※2……小さじ 1
わさび……好みで

※1 ペルーのとても辛い唐辛子のペースト。南米食材店で購入できる。
※2 瓶詰の 100%果汁でもよい。

1 ひらめを左手の指の上にのせる。好みでわさびを塗り、すし
飯をのせてにぎる。

2 香菜の葉を飾ってロコトチリソースをのせ、しょうゆ塩をふ
る。柚子とレモンの絞り汁を合わせてかける。

NOBUスタイル ③ ティラディート

刺身の食べ方のひとつとして、ペルーの調
理法からエッセンスをもらってアレンジ
した方法。現地では生の魚をボウルに入れ
てチリソースとレモン、香菜で和えます
が、NOBU スタイルでは刺身に香菜をの
せ、ペルーの辛い唐辛子で作る「ロコトチ
リソース」を点描のようにのせ、さらに柚
子とレモンのジュースをかけています。こ
の料理ではそこにオリジナルのしょうゆ
塩を散らして、そのままいただきます。手
法も盛りつけもシンプルながら、見た目の
美しさと NOBU らしい味わいが光ります。

ひらめの旨み〆

KOMBU AND KATSUOBUSHI-CURED
FLOUNDER NIGIRI

昆布〆よりおいしくなるしめ方はないか？という発想か
ら、日本料理の原点を見直して生まれた「旨み〆」。かつ
お節と昆布の組み合わせで生まれる旨みの相乗効果を利用
して、旨みをしっかりと魚に移します。

材料（2かん分）

すし飯……30g
ひらめの旨み〆（作りやすい量）
　ひらめ（皮をひいたもの）……¼尾
　羅臼昆布（ひらめよりひとまわり大きいサイズ）※……2枚
　酒……適量
　塩……適量
　削りがつお……20g
わさび……好みで

※小さい昆布なら、ひらめが挟めるように枚数を増やす。

下準備

- ■ ひらめの旨み〆を作る。ペーパータオルに酒を含ませて羅臼
　昆布の表面を拭き、柔らかくする。ひらめに薄塩をし、削り
　がつおを全体にまぶす。昆布1枚をバットなどに置き、ひら
　めをのせ、もう1枚の昆布を重ねて挟む。冷蔵庫で約5〜6
　時間おく。

1 昆布の間からひらめの旨み〆を取り出し、12gのものを2切
　れ切り出す。

2 ひらめを左手の指の上にのせる。好みでわさびを塗り、すし
　飯をのせてにぎる。旨み〆に使った削りがつおを少量のせる。
　醤油（材料表外）を添える。

鯛の焼きからすみかけ

DRIED MULLET ROE OVER SEA BREAM NIGIRI

鯛のにぎりが、からすみの塩分と旨みをプラスすることで姿の美しさ、味の奥深さを増します。からすみはぱらぱらとふりかけられるよう、きちんと焼いて細かくしておきましょう。

材料（2かん分）

すし飯……30g

鯛……12gのもの2切れ

焼きからすみ（すりおろし）※……大さじ2

大葉……1枚

わさび……好みで

※からすみ1腹をアルミ箔で包み、オーブントースターで約20分焼く。充分に火が入って堅く焼き締まったら薄皮をむき、おろし金ですりおろす（1か月もつので、作りおいて密閉容器で冷蔵保存するとよい）。

下準備

■　大葉は半分に切る。

1 鯛を左手の指の上にのせる。好みでわさびを塗り、大葉、すし飯の順にのせてにぎる。

2 焼きからすみを1かんに大さじ1くらいたっぷりとふりかける。醤油（材料表外）を添える。

はまちの ハラペーニョ

YELLOWTAIL AND
JALAPENO NIGIRI

ハラペーニョのマイルドな辛みが、わ
さびのツンとくる辛みとまた違って、
はまちをおいしく食べさせてくれま
す。脂ののったはまちが、柚子の爽や
かな酸味でさっぱりとしたあと口に。

材料（2かん分）

すし飯……30g
はまち……13gのもの2切れ
おろしにんにく……小さじ¼
ハラペーニョチリ※（種を取って薄切り）
　……2枚
柚子ソイソース（→ p.153）……適量

※濃い緑色をしたメキシコの唐辛子。辛みが強す
ぎない。

1 はまちを左手の指の上にのせる。すし飯
　をのせてにぎる。

2 おろしにんにくとハラペーニョチリを飾
　る。柚子ソイソースを添える。

ぶりの炙り

GRILLED BURI-YELLOWTAIL
NIGIRI

脂ののったぶりは、表面だけをさっと
炙ると脂がほんのり溶け、風味が増し
ておいしくなります。大根おろしと一
緒に、さっぱりといただきます。

材料（2 かん分）

すし飯……30g
ぶり……13g のもの 2 切れ
大根……5cm
柚子ソイソース（→ p.153）……小さじ 1
木の芽……2 枚
わさび……好みで

1 大根は皮をむいてすりおろし、ざるに入
れる。軽く押さえて水分を絞り、柚子ソ
イソースを混ぜる。

2 ぶりは片面に数本切り目を入れる。焼き
網を熱し、切り目を入れた面を下にして
のせ、3〜5秒ほど焼く。

3 炙った面を下にして左手の指の上にの
せ、好みでわさびを塗り、すし飯をのせ
てにぎる。

4 ①の大根おろしをのせ、木の芽を飾る。

サーモンのニュースタイル

SALMON "NEW STYLE SASHIMI" NIGIRI

NOBUスタイルの基本、ニュースタイルサシミ（→ p.26）のテクニックでサーモンにもごく軽く火が入り、生魚とは違う味わいに。身質が繊細で崩れやすいので、にぎるときは形をととのえる程度に。

材料（2かん分）

すし飯……30g
サーモン……12gのもの2切れ
しょうが……1かけ
チャイブ……少量
おろしにんにく……小さじ⅛
煎り白ごま……少量
柚子ソイソース（→ p.153）……小さじ1
ニュースタイルオイル（→ p.153）……小さじ2
わさび……好みで

1 しょうがの皮をむいてごく薄く切りにし、できるだけ細いせん切りにする。2〜3分水にさらしてざるに上げ、ペーパータオルでよく水気を拭く。チャイブもしょうがの長さに揃えて切る。

2 皿にサーモンを並べ、ティースプーンの裏を使って、それぞれにおろしにんにくを塗る。

3 煎り白ごまをふり、しょうがとチャイブをのせて、柚子ソイソースを回しかける。

4 ニュースタイルオイルを小鍋に入れ、煙が出るくらいまで熱し、**3**のサーモンにかける。このあとににぎりやすいよう、ペーパータオルで押さえて水分とオイルを適度に除く。

5 すし飯のみをにぎってすし玉を2つ作り、好みでわさびを塗る。それぞれ**4**のサーモンをチャイブや針生姜ごとのせて、形をととのえるように軽くにぎる。

サーモンのレモン〆

ともすると脂っぽく感じるサーモンを、表面だけレモン汁で爽やかに
しめて旨みを引き立てます。ただし、酸味が入りすぎると旨みを感じ
にくくなるので、しめすぎないように注意しましょう。

材料（2かん分）

すし飯……30g
サーモンのレモン〆（作りやすい量）
　サーモンのさく……100g
　粗塩……100g
　グラニュー糖……100g
　レモン汁……約200㎖
黒トリュフ……適量
ペリーラ（大葉の若葉）……適量
わさび……好みで

下準備

- サーモンのレモン〆を作る。粗塩とグラニュー糖を混ぜてバットに広げ、サーモンのさくを置く。粗塩とグラニュー糖を混ぜ、押しつけるようにしてまぶす。すべての面をまんべんなく覆う。あとににじみ出る水分が落ちるよう、盆ざるにのせて、冷蔵庫で3時間おく。水で洗い、ペーパータオルで水気を拭く。サーモンを耐酸性のバットに入れる。レモン汁を注いでペーパータオルをかぶせ、冷蔵庫に30分おく（これ以上の時間をおくと酸味が入りすぎるので注意）。引き上げてペーパータオルで水気を拭く。

1 サーモンのレモン〆から12gのものを2切れ切り出す。

2 サーモンを左手の指の上にのせる。好みでわさびを塗り、すし飯をのせてにぎる。スライスして細切りにした黒トリュフと、ペリーラをのせる。醤油（材料表外）を添える。

〆さば

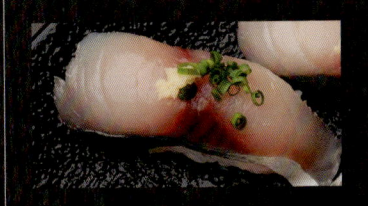

材料（2かん分）

すし飯……30g
〆さば（作りやすい量）
　さば……1尾
　粗塩……適量
　醸造酢（穀物酢など）……適量
おろししょうが……適量
万能ねぎ（小口切り）……適量

さばを酢〆にする

1. さばを三枚におろす（→ p.155）。

2. バットに粗塩を広げ、①を置く。さばの身をたっぷりの粗塩で覆う。

3. 盆ざるにのせて1〜2時間おく（大きいほど、また脂のりがいいほど長めにおいて調整）。

4. さばの塩を洗い流して水気を拭き取る。

5. さばを耐酸性の容器に入れ、かぶるくらいの酢を注ぐ。途中一度表裏を返し、合計30分冷蔵庫におく。

6. さばを引き上げて酢を拭き取る。身に残っている腹骨をすき取り、骨抜きを使って小骨を除く。

にぎる

1. 〆さばは表面の薄皮を身の端から少しずつむく。13gのものを2切れ切り出す。

2. さばを左手の指の上にのせる。すし飯をのせてにぎり、おろししょうがと万能ねぎをのせる。醤油（材料表外）を添える。

MEMO 光りものは、にぎったときの輝きが命。美しさが損なわれないよう、酢でしめるときは皮目を上にして容器などにできるだけあたらないようにするのが原則。また薄皮をむくときは、頭側から尾側に向かって、少しずつ、銀色の部分がはがれないように注意します。

光りもの

さばやあじ、こはだなどは、皮目が美しく青光りすることから「光りもの」と呼ばれます。その輝きをすしに生かすことが大切なので、皮目の扱いには気をつけましょう。よく酢〆に仕立てますが、魚によって開き方やしめ加減が変わります。身の大きさや厚みに応じたいちばんおいしい加減にする、そのきめこまやかさこそがすしの真骨頂です。

さばを酢〆にする

あじの酢〆

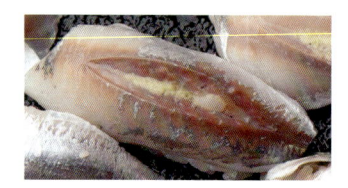

材料（2 かん分）

すし飯……30g
あじの酢〆
　あじ（15cm 大）……1 尾
　粗塩……適量
　醸造酢（穀物酢など）……適量
おろし生姜……適量

あじを酢〆にする

1　あじを背開きにする（→ p.156）。

2　盆ざるかバットに 1 を並べ、両面にまんべんなく適量の塩をふり、10 分おく。

3　塩を洗い流し、ペーパータオルで水気をよく拭き取る。

4　あじを耐酸性の容器に入れ、かぶるくらいの酢を注いで冷蔵庫に 8 分おく。引き上げて、余分な酢を拭き取る。

にぎる

1　あじの酢〆の薄皮を、身の端から少しずつむく。半身ずつに切り分け、すしネタの大きさに切りととのえ、縦に 1 本切り目を入れる。

2　あじを左手の指の上にのせる。おろし生姜をのせ、すし飯を重ねてにぎる。醤油（材料表外）を添える。

いわしの酢〆

材料（2 かん分）

すし飯……30g
いわしの酢〆
　いわし（15〜16cm 大）……1 尾
　粗塩……適量
　醸造酢（穀物酢など）……適量
わさび……好みで

いわしを酢〆にする

1　いわしを手開きにする（→ p.158）。

2　盆ざるかバットに 1 を並べ、両面にまんべんなく適量の塩をふる。10 〜 13 分おく。

3　塩を洗い流し、水気を拭き取る。

4　いわしを耐酸性の容器に入れ、かぶるくらいの酢を注ぐ。冷蔵庫に 8 分おく。

5　いわしを引き上げて酢を拭き取る。

にぎる

1　いわしの酢〆の薄皮を、身の端から少しずつむく。半身ずつに切り分け、すしネタの大きさに切りととのえる。

2　いわしを左手の指の上にのせ、好みでわさびを塗り、すし飯をのせてにぎる。

こはだの酢〆

材料（2 かん分）

すし飯……30g
こはだの酢〆
　こはだ（16〜17cm 大）……1 尾
　粗塩……適量
　醸造酢（穀物酢など）……適量
わさび……好みで

こはだを酢〆にする

1　こはだを腹開きにする（→ p.156「さよりの腹開き」参照）。

2　たっぷりの粗塩で 1 を覆う。盆ざるかバットにのせて、10 〜 15 分おく。

3　塩を洗い流し、水気を拭き取る。

4　こはだを耐酸性の容器に入れ、かぶるくらいの酢を注ぐ。6 〜 10 分冷蔵庫におく。

5　引き上げて、余分な酢を拭き取る。

にぎる

1　こはだの酢〆を半身ずつに切り分け、それぞれ長さを半分に切り、2 枚をずらして重ねる。

2　こはだを左手の指の上にのせる。好みでわさびを塗り、すし飯をのせてにぎる。醤油（材料表外）を添える。

あじを酢〆にする

豆あじの酢〆

材料（2 かん分）

すし飯……30g
豆あじの酢〆
　豆あじ（8〜10cm 大）……2 尾
　粗塩……適量
　醸造酢（穀物酢など）……適量
おろし生姜……適量

豆あじを酢〆にする

1 豆あじを開く（→ p.157）。

2 盆ざるに 1 を並べ、両面にまんべんなく塩をふる。10 分おく。

3 塩を洗い流し、水気を拭き取る。

4 耐酸性のバットなどに酢を満たし、中にボウルなどを伏せて置く。頭の部分だけが酢につかるように豆あじをのせて、冷蔵庫に 25 分おく。

5 ボウルを取って豆あじ全体をつけ、5 分おく。

6 豆あじを引き上げて酢を拭き取る。

にぎる

豆あじの酢〆を左手の指の上にのせる。おろし生姜を置き、すし飯を重ねてにぎる。醤油（材料表外）を添える。

MEMO　小さくて柔らかいあじをまるごと味わえるよう、頭と身を時間差で酢でしめ、同時に仕上がるようにします。

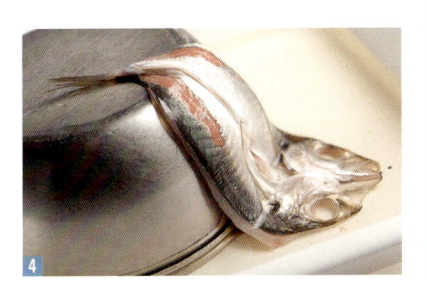

さより

材料（2 かん分）

すし飯……30g
さより（30〜40cm 大）……1 尾
木の芽……2 枚
わさび……好みで

1 さよりを腹開きにする（→ p.156）。

2 1 を半身ずつに切り分ける。頭側の身と皮の間に包丁を差し込み、左手で皮の端を押さえながらしごくように包丁をすべらせて皮をひく。

3 尾側をねじって下に折り込む。

4 そのまま裏返して左手の指の上にのせ、好みでわさびを塗り、すし飯をのせてにぎる。木の芽をのせ、醤油（材料表外）を添える。

MEMO　ほっそりとした姿が美しいさよりを、木の芽香る春のにぎりに。

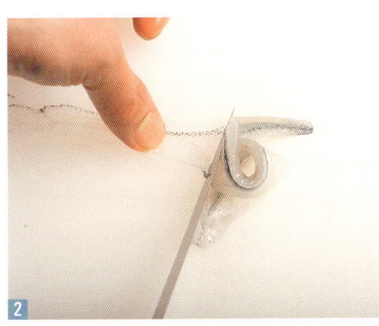

さんまの酢〆

材料（2 かん分）

すし飯……30g
さんまの酢〆（作りやすい量）
　さんま……1 尾
　粗塩……適量
　醸造酢（穀物酢など）……適量
肝醤油（作りやすい量）
　さんまの肝……1 尾分
　醤油……少量
わさび……好みで

さんまを酢〆にする

1 さんまを腹開きにする（→ p.156「さよりの腹開き」参照）。

2 盆ざるに 1 をのせ、両面にまんべんなく適量の塩をふる。20 分おく。

3 塩を洗い流し、水気を拭き取る。

4 さんまを耐酸性の容器に入れ、かぶるくらいの酢を注ぐ。10 分冷蔵庫におく。さんまを引き上げて酢を拭き取る。

肝醤油を作る

1 さんまの肝をアルミ箔で包み、オーブントースターで肝に焼き色がつくくらいまで、7〜8 分焼く。

2 裏ごし器に通して裏ごしする。

3 醤油を少量ずつ加え、とろりとしたペースト状にのばす。

にぎる

1 さんまの酢〆を半身ずつに切り分け、薄皮をむく。すしネタの大きさ（長さ7.5cm × 2 切れ）に切り出し、皮目に縦に数本切り込みを入れる。

2 さんまを左手の指の上にのせる。好みでわさびを塗り、すし飯をのせてにぎる。肝醤油をのせる。

きすの昆布〆

材料（2 かん分）

すし飯……30g
きすの昆布〆
　きす（18〜20cm 大）……1 尾
　粗塩……適量
　羅臼昆布（開いたきすよりひとまわり
　　大きいサイズ）……2 枚
　酒……少量
海老おぼろ（作りやすい量）
　むき海老……100g
　酒……20㎖
　みりん……20㎖
　グラニュー糖……100g
わさび……好みで

<u>きすの昆布〆を作る</u>

1　きすを背開きにする（→ p.156「あじ
　の背開き」参照）。

2　盆ざるに 1 をのせ、両面にまんべんな
　く適量の塩をふる（p.76 あじの酢〆の
　写真を参照）。

3　皮目を上にし、下にバットを重ねるか
　シンクの中に置く。上からざっと熱湯
　を回しかけ、表面の色が変わったら
　水気を拭き取る（湯霜）。

4　ペーパータオルに酒を含ませて羅臼昆
　布の表面を拭き、柔らかくする。昆布
　2 枚の間にきすを挟み、30 分〜1 時
　間おく。

<u>海老おぼろを作る</u>

1　むき海老は熱湯でゆで、フードプロ
　セッサーでミンチ状にする。

2　1 の海老を鍋に入れ、ごく弱火にか
　けて4〜5本の菜箸でかき混ぜながら
　から煎りする。鍋底にくっつくが、焦
　げつかなければ問題ない。

3　酒、みりん、グラニュー糖の順に加
　え、焦がさないように煎り続ける。

4　充分に水分がとび、一部がごく細かく
　なったら目の粗いざるでこす。

5　ざるに残ったそぼろをもう一度鍋に戻
　し、またかき混ぜながら煎って細かく
　する。こす。これを数回くり返す。

<u>にぎる</u>

1　きすの昆布〆を半身ずつに切り分け、
　すしネタの大きさ（長さ 7.5cm × 2 切
　れ）に切りととのえ、縦に 1 本切り込み
　を入れる。

2　きすを左手の指の上にのせる。好み
　でわさびを塗り、海老おぼろを小さじ
　1 のせ、すし飯を重ねてにぎる。醤油
　（材料表外）を添える。

MEMO　身が柔らかく上品な旨みを持つきす
　に、ほのかな桜色の海老おぼろで趣
　を出している。

いかの細造り

SQUID NOODLE NIGIRI

いかを薄く、細く切って柔らかい口あたりと甘みを存分に味わいます。

材料（2 かん分）

すし飯……30g
開いたやりいかなどの胴（→ p.159）……
　　1 枚（ここから 24g を切り出す）
わさび……好みで
ドライミソ（→ p.144）……適量

1 やりいかの胴を横に 8cm（約指 4 本分）幅に切る。これが 24g。

2 包丁を横に寝かせ、いかの厚みを半分に削ぐ。

3 2 ～ 3mm 幅の細切りにする。

4 **3** を 1 かん分とって指でひとまとめにし、左手の指の上にのせて好みでわさびを塗る。すし飯をのせてにぎる。ドライミソをのせる。

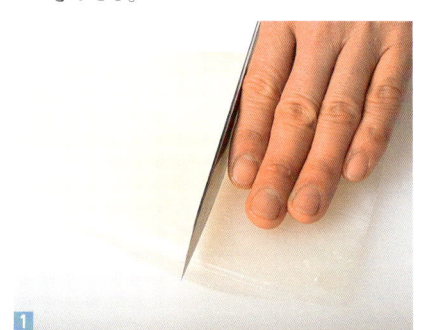

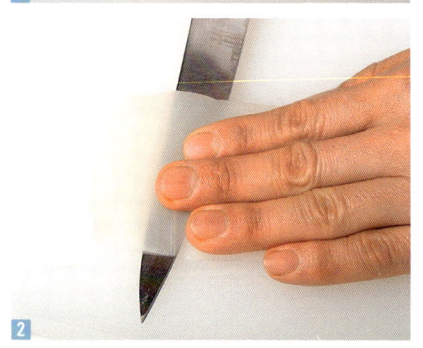

いかの湯霜

FLASH-BLANCHED
SQUID NIGIRI WITH
JALAPENO SALSA

いかはほんの軽く湯に通すことでいっ
そう甘くなり、切り目も開いて美しい
姿に。

材料（2かん分）

すし飯……30g
開いた白いか、やりいかなどの胴（→ p.159）
　……½枚（ここから 12g のものを 2 切れ
　切り出す）
わさび……好みで
ハラペーニョサルサ（→ p.153）……小さじ 2

1　やりいかの胴を縦半分に切り、うち 1 枚
　の表側に 1～2mm 幅の細かい切り目を
　格子状に入れる。

2　鍋に湯を沸かし、1のいかを 5 秒ほど
　さっとくぐらせる（湯霜）。すぐに氷水で
　冷やし、引き上げて水気をよく拭き取る。
　12g のものを 2 切れ切り出す。

3　いかの切り目を入れた面を下にして左手
　の指の上にのせる。好みでわさびを塗
　り、すし飯をのせてにぎる。

4　ハラペーニョサルサをのせる。醤油（材
　料表外）を添える。

車海老のおぼろ

BOILED PRAWN NIGIRI WITH EGG
YOLK CRUMBLES

卵の旨みと甘酢をまとい、いっそうおいしくなった車海老。朱色と黄色の組み合わせも美しい1かん。

材料（2 かん分）

すし飯……30g

車海老……2 尾

黄身おぼろ（作りやすい量）

　固ゆで玉子の黄身……2 個

　米酢……大さじ 2

　グラニュー糖……大さじ 1

わさび……好みで

下準備

■　黄身おぼろを作る。固ゆで玉子の黄身を鍋に入れ、弱火にかける。4 本の菜箸でよくほぐし、絶えず混ぜながらから煎りする。米酢にグラニュー糖を合わせて溶かし、鍋に加えてさらに煎る。水分がなくなるまで煎ったら裏ごし器に通す。密閉容器に入れる。

■　車海老のおぼろ漬けを作る。車海老をゆでる（→ p.150）。頭を取って殻をむき、腹に包丁で切り込みを入れて開く。黄身おぼろの容器に入れてよくなじませ、冷蔵庫で一晩おく。

にぎる

1　車海老を取り出す。海老の背側を下にして、左手の指の上にのせる。好みでわさびを塗って、すし飯をのせてにぎる。

2　黄身おぼろを少量散らし、醤油（材料表外）を添える。

北海だこ

FRESH PACIFIC OCTOPUS NIGIRI

弾力感の心地よい生だこは、かくし包丁を入れて食べやすく。ドライミソの香りと旨みで、そのままどうぞ。

材料（2 かん分）

すし飯……30g
北海だこの足（→ p.159）……12g のもの 2 切れ
わさび……好みで
ドライミソ（→ p.144）……適量

1 切り出した北海だこの足の片面に数本切り目を入れる。切り目を入れた面を下にして左手の指の上にのせる。好みでわさびを塗り、すし飯をのせてにぎる。

2 ドライミソをのせる。

真だこの桜煮

RED BEAN-INFUSED "SAKURA-NI" OCTOPUS NIGIRI

柔らかく煮上げた旨み豊かなたこに、たこの旨みが凝縮したツメをひと刷毛。そのままいただきます。

材料（2 かん分）

すし飯……30g
真だこの桜煮とツメ（作りやすい量）
　真だこ……1 ぱい
　水……500㎖
　小豆……20g
　和三盆糖……25g
　塩……10g
わさび……好みで

下準備

■ 真だこの桜煮を作る。真だこを下処理する（→ p.158）。鍋に水、小豆、和三盆糖、塩を合わせて煮立て、水が色づいてきたら、たこを足先から沈める。再び沸いたら弱火にし、2 時間煮る。たこを引き上げて冷ます。

■ ツメを作る。桜煮の鍋に残った煮汁を強火にかける。へらで絶えずかき混ぜながら煮つめ、とろりとしたら火からおろす。

にぎる

1 真だこの桜煮から 12g のものを 2 切れ切り出す。このとき、包丁の刃を波打たせるようにして切ると切り口が美しい。

2 たこを左手の指の上にのせる。好みでわさびを塗り、すし飯をのせてにぎる。たこのツメを塗る。

MEMO　切り出すとき、包丁を持つ手の手首を動かして切り口が波打つようにして切っています。これは姿の美しさに加え、すし飯がちょうどよく引っかかり食べやすくなるため。

酒煎り帆立貝

SAKE-FLAVORED SCALLOP NIGIRI

酒の中でほんの少し火を入れて、風味と甘みがいっそう
強くなった貝柱。ピリッと辛いソースがアクセント。

材料（2かん分）

すし飯……30g
帆立貝柱……2個
酒……適量
チャラキータサルサ（→ p.153）……小さじ2
わさび……好みで

1 小鍋に酒を沸かし、帆立貝柱を5秒ほどさっとくぐらせる。

2 すぐに氷水にとり、引き上げて水気をよく拭き取る。

3 貝柱の厚みを半分に削ぐようにして横から包丁を入れ、完全
に切り離さずに開く。

4 貝柱を左手の指の上にのせる。好みでわさびを塗り、すし飯
をのせてにぎる。チャラキータサルサをのせて醤油（材料表
外）を添える。

炙り北寄貝

GRILLED SURF CLAM NIGIRI

軽く炙ることで引き出される甘みと食感、そしてほのか
な香ばしさが命。そのため火の入れすぎにはご注意を。

材料（2かん分）

すし飯……30g
北寄貝……1個
わさび……好みで

1 北寄貝を下処理する（→ p.160）。

2 1の身の表側に、2〜3mm幅で数本ずつ切り目を入れる。
半分に切る。

3 焼き網を熱し、切り目を入れた側を下にしてのせる。3〜5秒
ほど、焼き目がつくくらいまで炙って網からはずす。

4 3の炙った面を下にして左手の指の上にのせる。好みでわさ
びを塗り、すし飯をのせてにぎる。醤油（材料表外）を添える。

煮穴子

SIMMERED ANAGO
NIGIRI

ふっくら柔らかく煮上げた穴子。その
皮目をほんの軽く炙ってにぎると、風
味がぐっと増して口いっぱいに広がり
ます。

材料（2かん分）

すし飯……30g
煮穴子（→ p.152）……15gのもの2切れ
フレークソルト……適量
穴子のツメ（→ p.152）……適量
わさび……好みで

1 焼き網を熱し、煮穴子の皮目を炙る。

2 穴子の皮目を下にして左手の指の上にの
せる。好みでわさびを塗り、すし飯をの
せてにぎる。1かんにはフレークソルトを
のせ、もう1かんには穴子のツメを塗る。

穴子の白煮

"HAKU-NI" STYLE
SIMMERED ANAGO NIGIRI

穴子の白い色を生かし、上品に白く煮上げます。ぬめり
をていねいに取るひと手間が、おいしさのポイント。

材料（2かん分）

すし飯……30g
穴子の白煮（作りやすい量）
　開いた穴子（160gほどのもの）……2〜3尾
　水……500㎖
　酒……50㎖
　グラニュー糖……大さじ1½
　薄口醤油……大さじ1
　塩……小さじ½
白煮用のツメ（作りやすい量）
　だし……500㎖
　醤油……50㎖
　みりん……50㎖
　酒……50㎖
　グラニュー糖……50g
　生姜（スライス）……1かけ分
しょうゆ塩（商品名。→ p.171、または醤油）……適量
わさび……好みで

下準備

■　穴子は煮穴子（→ p.152）と同様にして皮目のぬめりを除き、
　軽く水で洗う。鍋に水、酒、グラニュー糖、薄口醤油、塩を
　合わせて煮立てる。強火のまま穴子を1尾ずつ入れ、再沸騰
　したら弱火にし、8分煮る。ざるに上げて冷ます。

■　白煮用のツメを作る。鍋に材料をすべて合わせて煮立てる。
　大きなへらで絶えず鍋底をこするようにして混ぜながら、少し
　とろりとするまで煮つめる。粗熱を取って、冷蔵庫に保存する
　（約1か月保存可能）。

にぎる

1 穴子の白煮から15gのものを2切れ切り出す。

2 穴子の皮目を下にして、左手の指の上にのせる。好みでわさび
　を塗り、すし飯をのせてにぎる。

3 1かんにはしょうゆ塩をのせ、もう1かんには白煮用のツメを
　塗る。

うに入りだし巻き玉子

DASHIMAKI OMELET NIGIRI
WITH SEA URCHIN

しっとり焼き上げただし巻きは、うにが味のアクセント。
すし飯と一体化しにくいので波形の飾り包丁をします。

材料（2かん分）

すし飯……30g
うに入りだし巻き玉子
　（作りやすい量／15cm × 18cm × 3cmの玉子焼き鍋1個分）
　うに……60g
　卵……5個
　だし……75㎖
　薄口醤油……小さじ½
　グラニュー糖……35g
　塩……ひとつまみ
　サラダ油……適量

だし巻き玉子を作る

1 うにはバットなどに広げ、蒸し器で3〜4分蒸す。

2 ボウルに卵を割り入れ、白身を切るようにしてよくときほぐす。だし、薄口醤油、グラニュー糖、塩を加えて混ぜる。

3 玉子焼き鍋を熱し、サラダ油をペーパータオルに含ませて薄く塗る。卵液を150㎖ほど流し入れて薄く広げる。

4 1の半量を向こう側の端に1列に並べ、それを芯にして向こう側から手前に向かって巻く。

5 玉子焼きを奥にスライドさせ、油を塗って、100㎖ほどの卵液を流し入れて薄く広げる。巻いた玉子焼きを持ち上げて、その下にも卵液を広げる。

6 残りの蒸しうにの半量を散らし、続けて巻く。

7 卵液と蒸しうにで5 6をくり返して巻き上げ、冷ます。

にぎる

1 うに入りだし巻き玉子から35g（10cm × 3cm × 1cmほど）のものを2切れ切り出す。このとき、包丁を持つ手首を動かして刃元を波打たせるようにして切ると、切り口が美しい。

2 1を左手の指の上にのせ、すし飯をのせてにぎる。醤油（材料表外）を添える。

だし巻き玉子を作る

はも入り厚焼き玉子

ATSUYAKI STYLE
THICK OMELET
WITH HAMO

「伊達巻き」とも呼ばれる、関東風の甘くふっくら焼き上げた厚焼き玉子はにぎりにも、それだけでつまみにも。

材料

はも入り厚焼き玉子（→p.151）……適量

1 厚焼き玉子を2.5cm × 7.5cmに切り分ける。

2 あれば焼きごてを熱し、表面に押す。醤油（材料表外）を添える。

軍艦巻き3種 キャビアのせ
（トロタルタル・うに・ずわい蟹）

"GUNKAN" SUSHI WITH THREE TOPPINGS

たっぷりとネタをのせた贅沢軍艦巻き。きちっと形を
キープする巻き方に、NOBU らしい工夫があります。

材料（3 かん分）

すし飯……45g
焼き海苔（3.5cm × 16cm）※……3 枚
中トロ……12g
うに……小さじ 1〜2
ずわい蟹の足身（ゆでたもの）……1 本
キャビア……小さじ 3
わさび……好みで

※ロールずしと同様の海苔 ½ 枚（10.5cm×19cm）の長辺 3cm 分を
切り落とし、10.5cm×16cm にする。短辺を 3 等分に切り、3.5cm×
16cm の海苔を 3 枚作る。

下準備

■ 中トロは包丁でたたいて細かくする。ずわい蟹の足身は手で
繊維を裂く。

巻き方

1 すし飯をにぎってすし玉を 3 個作る。

2 すし玉のまわりに海苔をぐるりと巻きつける。

3 巻き始めの海苔の端を、少し斜め上にずらすと、海苔の両端
がすし飯にくっついてはがれにくい。これを 3 かん作る。

4 すし玉に好みでわさびを塗る。それぞれ中トロ、うに、ずわ
い蟹をのせ、キャビアを飾る。醤油（材料表外）を添える。

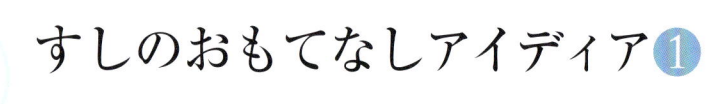

すしのおもてなしアイディア ①

にぎりずしは家族が集うときやホームパーティなど、おもてなしにとても喜ばれます。シャンパーニュと一緒につまむ前菜にも、献立の主役にも活躍します。

　おもてなしに大切なのは、お客さまにとっては姿が美しくて食べやすく、もてなす側にとってはあらかじめ準備しておけること。NOBU スタイルのプレゼンテーションを教わりましょう。

笹で巻く

ひとつ目は、和の風情漂う「笹巻き」に。お好みのすしネタを p.56〜57 のにぎりの基本を参考にしてにぎり、円錐形に巻いた笹に入れるだけ。笹の緑があることでまぐろの赤身、蒸しあわび、たらば蟹の足身、〆さば、ゆで海老などのネタがより映えて際立ちます。盛りつけも写真のように長皿に1列に整然と並べると、正面がはっきりし、日本料理らしいきちんとした印象になるとともに、ゲストが手に取りやすくなります。

　このアイディアは、にぎりずしの腕に自信がないかたにもおすすめです。少し形が決まっていなくても、笹に入れることで全体の形の印象がととのいます。笹を使うひと手間で、素敵なプレゼンテーションになることでしょう。

1 笹の葉を両手で持つ。

2 葉元から⅓ほどのところが頂点になるようたわめ、円錐形にする。

3 ゆるみのないようととのえる。ただし内側に充分なスペースを作ること。

4 葉先を内側に向けて折り込む。ここににぎりずしを入れる。

カップずしにする

笹巻きがトラディショナルな和なら、こちらは和モダンなプレゼンテーション。お猪口風の白い小さなカップにさまざまな種類のすしが入って、ずらりと並ぶ姿は圧巻です。ゲストからも歓声が上がることでしょう。お好みで醤油を少したらせば、お箸でひと口でいただけるので、立食パーティにもぴったりです。パーティの最初にお酒と一緒にアペタイザーにしても、途中できちんとおすしを食べたいときにも、どちらにもどうぞ。

作り方も簡単です。すし飯をお手持ちの小さなカップに入れて、すしネタをのせるだけ。ミニ丼風ですし飯とネタを一緒ににぎる必要がないので、笹巻きよりずっと簡単に作れます。

ネタもお好みでかまいません。ここではうに、たこ、ゆで海老、サーモン、いかの細造り、煮穴子、イクラ、野菜の昆布〆などを盛っています。華やかな彩りになるよう、種類を考えましょう。なかに〆さばのようにひと仕事をしたものを入れると、味わいのバリエーションが広がります。

PART 3

ちらしずし・押しずし

ちらしずしは「ばらずし」とも呼ばれ、
錦糸玉子や新鮮な魚介などの具を
たっぷり散らしたなんとも華やかなすし。
押しずしは「箱ずし」とも呼ばれるように、
箱で押してすし飯と具の一体感を
楽しむすし。
なじみ深いこれらのすしも
NOBU スタイルなら新鮮な味わいに。

昆布〆野菜のベジちらしずし レシピ P.100

CHIRASHI SUSHI & OSHI SUSHI

昆布〆野菜のベジちらしずし

KONBU-CURED VEGETABLE SUSHI BOWL

野菜のビビッドな色、美しい形をそのまま生かしながらおいしくするのが昆布〆。すし飯ともよく合います。量や種類はお好みで。たっぷりとのせて、いただきましょう。

材料（1人分）

すし飯……150g
野菜の昆布〆
　昆布（野菜を重ねずに並べられるサイズ）※1……2枚
　酒……大さじ1〜2
　ミニアスパラガス……4〜5本
　生食できる根菜と野菜類（ラディッシュ、紅芯大根、レディ
　　大根、かぶ、ミニ大根、黄色にんじん、ミニにんじん、
　　ズッキーニなど）……計100g
　塩……適量
アボカド……⅙個※2
刻み海苔……適量
木の芽、花穂じそ、より大根……各適量
醤油……好みで

※1 羅臼昆布が最適。他種類の昆布でもよい。小さい昆布を野菜が挟めるように枚数を増やしてもよい。野菜の量が増えても挟める大きさなら昆布の枚数を増やす必要はない。
※2 アボカド1個を縦半分に切って種を取り、皮をむいてそれぞれ縦に6等分した、2切れを使う。

下準備

- 野菜の昆布〆を作る。まずペーパータオルに酒を含ませ、昆布を拭いて少し柔らかくしておく。熱湯に塩を加え、ミニアスパラガスをゆでる。ラディッシュ以外の根菜とズッキーニはすべて、5mm厚さにスライスする。
バットにごく薄く塩をふって野菜類を重ならないように並べ、上からも同様に塩をふって5分ほどおく。水分がうっすらとにじみ出てきたら柔らかくした昆布の上に並べ、もう1枚の昆布をかぶせて約12時間おく。

1. アボカドを一口大に切る。

2. 器にすし飯を敷き、刻み海苔を散らす。

3. 昆布〆にした野菜とアボカドを彩りよくのせる。木の芽、花穂じそ、より大根を飾る。好みで醤油を添える。

魚介の炙りずし

FLASH-GRILLED SEAFOOD SUSHI BOWL

新鮮な刺身はいただく直前に強火でさっと炙ると、生であって生以上の旨みと風味が出て、ほんのり燻香もまとって味わい深くなります。たっぷりの黒こしょうの香りが新鮮。

材料（1人分）

すし飯……150g

すしネタ｛赤貝（→ p.160）、帆立貝柱、いか（→ p.159）、
　ずわい蟹の足身（ゆでたもの）、ぶり、中トロ、
　ゆでた車海老（→ p.150）など｝……8切れほど

塩、黒こしょう……各適量

刻み海苔……適量

錦糸玉子（→ p.151）……適量

木の芽……適量

新生姜漬け……適量

わさび……好みで

醤油……好みで

1 いかの表側（炙る側）に、細かく斜め格子状の切り目を入れる。魚介類すべての両面に塩をふり、黒こしょうを挽きかける。

2 焼き網を強火で熱し、魚介類の片面だけを3秒ほどさっと炙る。食べやすい大きさに切る。

3 器にすし飯を敷き、刻み海苔と錦糸玉子を広げる。炙った魚介類を彩りよくのせ、木の芽を飾る。新生姜漬けを一口大に切って飾る。好みでわさびと醤油を添える。

セビーチェのバラちらしずし
NOBU-STYLE CEVICHE SUSHI BOWL

あわびや帆立などを贅沢に使った NOBU 名物セビーチェをたっぷりと散らします。柑橘のソースで軽くマリネした魚介は、すし飯とも相性よし。野菜の爽やかな歯触りがアクセントに。

材料（1人分）

すし飯……150g
蒸しあわび（作りやすい量）
　あわび……200g のもの 1 個
　塩……適量
　昆布……5cm 角 1 枚
帆立貝柱……1 個
車海老……1 尾
北海だこ（→ p.159）……20g
ひらめ……20g
サーモン……20g
きゅうり……小 1 本
赤玉ねぎ……¼ 個
フルーツトマト……½ 個
香菜の葉……適量
セビーチェソース（→ p.153）……10㎖

下準備

■　あわびは表面をたわしでこすってよく洗い、スプーンなどを使って殻から取り出す。周囲についているわたを取り除く。小さめの耐熱容器に入れる。吸いもの程度の塩水（約 1%）を作り、あわびがひたひたの状態になるまで注ぎ、昆布を入れる。ラップとアルミ箔で 2 重に覆う。湯気の上がった蒸し器に入れて2 〜 3 時間蒸す。

■　車海老をゆでる（→ p.150）。

1　蒸しあわび適量と他の魚介、野菜をそれぞれ 1cm 角に切る。香菜はみじん切りにする。以上をすべてボウルに合わせる。

2　食べる直前に1のボウルにセビーチェソースを加えて和える。

3　器にすし飯を敷き、2を彩りよくのせる。ボウルに残ったソースを適宜回しかける。

NOBUスタイル
4
セビーチェ

セビーチェとはペルーなど中南米の料理で、魚を玉ねぎと柑橘ベースのソースで和えてしばらくマリネしたもの。NOBUではこれを、新鮮な魚をいただくなら生の魚のフレッシュな味わいを楽しむほうがおいしいと、提供する直前にさっと和えて使います。生であって完全には生でない状態で出すことは、どなたにもおいしく召し上がっていただける工夫です。

五目ちらしずし

TRADITIONAL CHIRASHI SUSHI BOWL

ご家庭の定番ちらしずしも、酒升に盛りつけるプレゼンテーションで
お洒落なパーティ風に。濃い味で煮た椎茸とかんぴょう、薄味で煮た
野菜や鶏肉、生ゆばのやさしい旨みがすし飯をおいしくします。

材料（作りやすい量）

すし飯……600g
鶏もも肉……½枚
ごぼう……½本
れんこん……10cm
ゆでたけのこ……小1本
にんじん……½本
だし……250㎖
みりん……40㎖
醤油……40㎖
酒……少量
椎茸の旨煮（→ p.150）……3枚
かんぴょう煮（→ p.152）……20g
生ゆば※……50g
錦糸玉子（→ p.151）……適量
ぎんなん（煎って殻をむいたもの）……8個
三つ葉……少量

※比叡ゆば本舗 ゆば八（→ p.176）の「おさしみゆば」を使用。

1. ごぼうとれんこんは皮をむき、1〜2cm角に切る。鶏肉、た
けのこも1〜2cm角に切る。にんじんは皮をむき、5cm長さ
の細切りにする。

2. 鍋にだし、みりん、醤油、酒を合わせて強火にかけ、煮立っ
たら1の具材を入れる。沸騰してあくを除いたら弱火にし、
すべてが柔らかくなるまで、10〜15分煮る。火からおろして
そのまま冷まし、ざるに上げて汁気をきる。

3. 椎茸の旨煮とかんぴょう煮、生ゆばを、1〜2cm大に切る。

4. すし飯に2と3を合わせてさっくりと混ぜる。升に盛り、錦
糸玉子、ぎんなん、三つ葉を飾る。

うなぎの箱ずし

BOX-PRESSED EEL SUSHI

箱ずしとは、押し箱で押して形を作る関西の定番ずし。うなぎの代わりに穴子でもかまいません。すし飯にかば焼きのたれを混ぜて、ほんのり味をつけてもおいしいでしょう。

材料（18cm×9cm×5cm の押し型 1 個分）

すし飯……250g

うなぎのかば焼き……1 枚

干し菊シート※……1 枚

わさび……好みで

※菊のりともいう。食用菊の花びらを網に広げて蒸し、その後乾燥させたもので、シート状で販売されるものが多い。生の食用菊が出回る時季なら花びらを摘んで熱湯でさっとゆで、水気を絞って使ってもよい。手に入りにくければ、刻んだ大葉や針しょうがなどで代用可。

1 うなぎのかば焼きを温め、いったん室温に冷まし、押し型の縦横の大きさに揃えて切る。干し菊シートも同じ大きさに切る。

2 少量の酢（材料表外）を加えた水で押し型と底板 2 枚の表面を軽くぬらし、型の中に片方の底板を入れる（平らな側が上）。

3 底板の上に、うなぎのかば焼きを身側を下にしてのせる。好みでわさびを塗り、すし飯の半量を重ねて平らにならす。

4 干し菊、残りのすし飯を重ねてならし、もう 1 枚の底板を平らな側を下にしてのせる。

5 上からぎゅっと力を入れて押す。

6 押し型全体の上下をひっくり返す。両方の親指で上の底板を押さえながら、残りの指を使って型を引き抜く。

7 上の底板をはずし、包丁で好みの大きさに切り分ける。皿に移し、醤油（材料表外）を添える。

p.108 のうなぎの箱ずしで使った「押し型」は、一般に箱にすし飯を詰め、具をのせて上から押すことで具とお米を一体化させることが目的。たとえば〝ばってら〟がそれにあたります。しかし、NOBU スタイルでは押し型の〝四角い形にととのえられる〟ことだけを利用し、この料理のアイディアが生まれました。

すし飯に薬味をたっぷり混ぜた薬味ずしを押して四角くし、それを切り分けてパリパリの海苔で巻いて手でがぶり。おにぎり風にいただきます。

おにぎり風
塩押しきゅうりの押しずし

BOX-PRESSED CUCUMBER SUSHI

材料（6cm×15cm×5cm の押し型 1 個分）

すし飯……200g
焼き海苔……3 枚
塩押しきゅうり（→ p.29）……1 本
みょうが……½ 個
生姜……少量
大葉……2 枚
煎り白ごま……適量

1 塩押しきゅうりを 10 分ほど水につけて塩抜きし、水気を絞って薄切りにする。みょうが、生姜、大葉はみじん切りにする。

2 すし飯に、1 と煎り白ごまを混ぜる。

3 押し型と底板 2 枚の表面を軽く酢水（材料表外）でぬらし、型の中に片方の底板を入れる（平らな側が上）。具を混ぜたすし飯を詰め、もう 1 枚の底板を平らな側を下にしてのせる。上からぎゅっと力を入れて押す。

4 両方の親指で上の底板を押さえながら、残りの指を使って型を引き抜く。

5 上の底板をはずし、包丁で 6 等分に切る。食べる直前に、それぞれを半分に切った焼き海苔で包む。

すしに添えるNOBUスタイルの吸いもの

お客さまのあるとき、久々に家族が集うとき、きちんとおすしを作ったなら、相棒の汁ものにも気を配りませんか？ 季節感あふれるお椀も喜ばれます。

だしのひき方

材料（でき上がり量1ℓ）

羅臼昆布……10g
削りがつお……50g
水……1.2ℓ

1 鍋に水と昆布を入れて火にかける。

2 湯が温まり、昆布がぐらっと揺れる状態（約80℃）になったら昆布を取り出し、火を止める。

3 削りがつおを加え、鍋の底に沈むのを待つ。

4 ざるにさらし（またはペーパータオル）をのせ、③を注いでこす。あれば同じ大きさのざる2枚の間にさらしを挟んでこす。

5 ざるに残った削りがつおは絞らず、だしが落ちるのにまかせる。だしがらは、水を少量加えて軽く煮出して二番だしをとり、煮ものなどに使用するとよい。

スパイシー
シーフードスープ
SPICY SEAFOOD SOUP

NOBUの人気スープは、帆立やいか、たこなど新鮮な魚介をたっぷり使ったスパイシーテイスト。食欲をそそります。魚介は火を入れすぎると堅くなりおいしくありません。さっと煮る程度にするのがポイントです。

材料（4人分）

吸い地
　だし……600㎖
　塩……4g（小さじ 4/5）
　薄口醤油……小さじ 2/3
　みりん……小さじ 2/5
　酒……小さじ 2/5
帆立貝柱……4個
いかげそ……8本
たこ……8切れ
海老……2尾
あさり……6個
チリガーリック
　（蒜蓉辣椒醤／市販品）※……好みで
三つ葉……適量

※豆板醤でもよい。

1 あさりは海水程度の塩水（水1ℓに対して塩大さじ2。材料表外）につけて、冷蔵庫で一晩砂抜きする。

2 帆立貝柱、いかげそ、たこは食べやすい大きさに切る。海老は頭を取って殻をむき、背に切り込みを入れて開き、背わたを取る。それぞれ熱湯にさっと通して表面が白くなったら引き上げ、氷水につける（霜ふり）。三つ葉は刻む。

3 吸い地にあさりを入れて強火にかける。貝の口が開いたらあくを除き、帆立貝柱、いかげそ、たこ、海老を入れる。煮立ったらすぐ火からおろし、好みでチリガーリックを加えて味をととのえる。

4 器それぞれに注ぎ、刻んだ三つ葉をのせる。

すしに添えて、おもてなしに

春子鯛とそばの椀
（かすごだい）

SOUP WITH SOBA NOODLES
AND BABY SEA BREAM

春子鯛とは、体長が 8cm 以下の春に旬を迎
える小鯛のこと。ほんのり桜色に輝く美しい
姿に、塩漬けにした桜の花びらを浮かべた、
上品であでやかなお椀。白身魚と相性のよい
そばで信州仕立てに。

材料（4人分）

吸い地
　だし……600㎖
　塩……4g（小さじ 4/5）
　薄口醤油……小さじ 2/3
　みりん……小さじ 2/5
　酒……小さじ 2/5
春子鯛（三枚におろしたもの）……4枚（2尾分）
そば（乾麺）……80g
桜の花の塩漬け（水につけて塩抜きしたもの）
　……4個
羅臼昆布（7cm角）……4枚
ペリーラ（大葉の若葉）……適量

1 そばを熱湯で堅めにゆでる。春子鯛の皮
　目を下にして縦長に置く。そばを4等分
　し、それぞれ長さが春子鯛の幅の2倍に
　なるよう折りたたむ。春子鯛にのせてくるり
　と巻き、合わせ目を楊枝で留める。そばの
　両端を切り落として形をととのえる。

2 バットなどに昆布を敷き、1 を合わせ目を下に
　してのせて、蒸気の上がった蒸し器で4〜5分
　蒸す。楊枝をはずす。

3 吸い地の材料を鍋に合わせて温める。

4 お椀それぞれに 2 を昆布ごと入れ、3 を注いで桜の花の
　塩漬けとペリーラを飾る。

フルーツトマトの赤だし

RED MISO SOUP WITH FRUIT TOMATO

暑い夏には、塩気があってさっぱりとした赤だしがよく合います。しっかり赤く、甘いフルーツトマトが実の主役。手間をそれほどかけなくとも、凛とした姿に涼しさを感じる汁ものです。

材料（4人分）

だし……600㎖
赤味噌……60g
フルーツトマト……4個
花穂じそ……適量

1 フルーツトマトを湯むきする。トマトのてっぺんに十字の切り込みを入れ、へたを包丁の刃先でくりぬく。網じゃくしにのせて熱湯に数秒つけ、すぐに冷水にとる。皮をむき、それぞれお椀に入れる。

2 しその花を摘む。

3 だしを温めて、赤味噌を溶き入れる。

4 1に3を注ぎ、しその花を散らす。

菊花の吸いもの

ふわっと香り立つ菊の香り、世にもきれいな菊花の色と形。花びらをのせた瞬間がこの料理の最高潮。タイミングをのがさず、お出ししましょう。日本料理の秋を代表する食材の、目と舌で味わうごちそうです。

材料（4人分）

吸い地
　だし……600㎖
　塩……小さじ ²⁄₅
　薄口醤油……小さじ ²⁄₃
　みりん……小さじ ²⁄₅
　酒……小さじ ²⁄₅
菊花……4輪

1 菊花の花びらを摘んで軽く水洗いし、ざるに上げてよく水気をきる。

2 吸い地を温めてお椀にはり、それぞれに花びらをたっぷりとのせる。

かぶら蒸し椀

KABURA-MUSHI TURNIP SOUP

寒くなってかぶがふっくらと張りが出た頃に作りたい、ごちそう椀。同じ旬の蟹も組み合わせ、贅を尽くします。吸い地にも軽くとろみをつけて冷めにくい工夫を施すのも、日本料理ならでは。

材料（4人分）

吸い地
　だし……600㎖
　塩……4g（小さじ ⅘）
　薄口醤油……小さじ ⅔
　みりん……小さじ ⅖
　酒……小さじ ⅖
かぶ……直径8cmのもの4個
卵白……4個分
片栗粉……小さじ4
ぎんなん……12個

ずわい蟹の足身（ゆでたもの）……8本
うに……大さじ4
葛粉……小さじ4
ブロッコリースプラウト……適量

1 かぶをすりおろしてさらしで包み、軽く水気をきって200gとる。ぎんなんはから煎りして殻をむく。

2 卵白をボウルに入れ、泡立て器で泡立ててメレンゲにする。別のボウルに **1** のかぶを入れ、片栗粉とメレンゲを加えて混ぜる。

3 **2** の生地を4等分し、それぞれぎんなん2個とずわい蟹の足身2本を包んで丸め、饅頭ほどの大きさにととのえる。バットなどにのせる。

4 上に残りのぎんなん1個とうに大さじ1ずつを飾り、蒸気の上がった蒸し器に入れて5～8分蒸す。

5 吸い地の材料を合わせて煮立て、葛粉を水小さじ4で溶いて加え、とろみをつける。

6 お椀それぞれに **4** を盛って **5** の吸い地を注ぎ、ブロッコリースプラウトを飾る。

PART 4

アペタイザーのすし

海外ではとくに、すしを食事の最初にお酒と
一緒に楽しむかたが多くいます。
すし飯をフィンガーフードにしたり、
小ぶりのプレゼンテーションにしたり。
グラスを片手にちょっとつまむのにぴったりの、
色とりどりのアペタイザーをご紹介します。

APPETI

ZER SUSHI

クリスピーライス

CRISPY RICE-CUBES WITH
SPICY TUNA

NOBU で人気のアペタイザー。それだけでもおいしい
すし飯をしっかり揚げて、カリッとした歯触りと香ばし
さをプラス。スパイシー風味のまぐろは、たっぷりと。

材料（8個分）

すし飯……130g
まぐろの赤身……50g
万能ねぎ（小口切り）……大さじ1
スパイシーマヨネーズ（→p.153）……大さじ1
揚げ油（サラダ油）……適量
醤油……適量

1 裏巻き（→p.31）の要領で巻き簾にラップをかぶせる。すし飯
をのせて巻き、約2.5cm×2.5cm×20cmの直方体にとと
のえる。

2 ラップできっちりとくるみ、冷蔵庫に一晩おいて固くする。

3 まぐろの赤身を包丁でたたいて細かくし、万能ねぎとスパイ
シーマヨネーズを合わせて和える。

4 2を冷蔵庫から取り出し、ラップをはずして8等分する。

5 4にそれぞれ松葉串を刺す。揚げ油を180℃に熱し、すし飯
をきつね色に揚げる。

6 5を皿に並べ、3をのせる。醤油を添える。

手まりずし

SUSHI "BON BONS"

小さな手まりを模したひと口でいただける愛らしい姿の
すし。ネタはお好みの魚介でかまいません。器には彩り
豊かに盛り込みます。

材料（12個分）

すし飯……120g
お好みの刺身〔ひらめ、サーモン、まぐろの赤身、いかの胴な
　ど（→p.159）何でも〕……10gのもの12切れ
大葉……適量
わさび……好みで
醤油……適量

1 20cm×20cmほどのラップを広げて中央に刺身1切れを置
　　き、わさびを塗る。いかは厚みを半分に削いでから細切りに
　　し、ラップの中央に置いてわさびを塗り、大葉を重ねる。

2 すし飯を12等分（1個分10g）し、軽くまとめてのせ、茶巾
　　を絞る要領でラップを絞って丸く形をととのえる。12個作る。

3 ラップをはずして皿に並べる。醤油を添える。

ベジずし

VEGETABLE SUSHI

すしネタは色とりどりの野菜。昆布〆にしているので旨み豊か、しかもヘルシーでさっぱりといただける新しいにぎりずしのスタイルです。

材料（12個分）

すし飯……180g
野菜の昆布〆
　昆布（野菜を重ねずに並べられるサイズ）※1……2枚
　酒……大さじ1〜2
　塩……適量
　れんこん……適量
　白菜……1枚
　生食できる野菜類（かぶ、紅芯大根、きゅうり、金時にんじん、ズッキーニなど）……各適量
えのきたけ……¼パック
貝割れ菜……¼パック
アボカド……⅙個※2
大根のべったら漬け……少量
わさび……好みで
醤油……適量

※1 羅臼昆布が最適。他種類の昆布でもよい。小さい昆布を野菜が挟めるように枚数を増やしてもよい。野菜の量が増えても挟める大きさなら昆布の枚数を増やす必要はない。

※2 アボカド1個を縦半分に切って種を取り、皮をむいてそれぞれ縦に3等分した1切れを使う。

1　生食できる野菜類とれんこんは2mm厚さの薄切りにする。湯を沸かして少量の酢（材料表外）を加え、れんこんをさっとゆでてざるに上げる。新たに湯を沸かして少量の塩を加え、白菜をゆでてざるに上げる。冷めたら水分を拭き取る。

2　バットに軽く塩をふり、1の野菜を並べてまた軽く塩をふる。10分ほどおき、水分が出てきたら拭き取る。

3　ペーパータオルに酒を含ませ、昆布の表面を拭いて柔らかくしておく。バットに昆布を敷き詰め、2の野菜を上に並べてもう1枚の昆布をかぶせる。ラップをかけ、冷蔵庫で12時間ほどおく。

4　野菜を取り出し、にぎりずしにしやすいように大きさを切りととのえる。

5　湯を沸かして塩を加え、根元をつけたままのえのきたけと貝割れ菜をさっと通す。ざるに上げ、冷ましてから水気を絞り、根元を切り落とす。

6　べったら漬けは厚めにスライスし、細かい格子状に切り目を入れる。アボカドは適宜スライスする。

7　野菜に好みでわさびを塗り、すし飯をのせてにぎる。皿に並べ、醤油を添える。

レタスカップずし

SUSHI ON
LETTUCE CUPS

定番の五目ちらしずしもプレゼンテーション次第でアペタイザーに。丸く切ったレタスに盛って、包んでひと口でいただくと野菜の爽やかな香りと歯切れよさにお酒もすすみます。

材料（10 個分）

五目ちらしずし（→ p.106）……¼ 量
柚子皮……少量
煎り白ごま……適量
レタス……10 枚
三つ葉……適量
錦糸玉子（→ p.151）……適量

1 p.106 の要領で五目ちらしずしを作る。

2 柚子皮をみじん切りにする。

3 **2**と煎り白ごまを**1**に混ぜる。

4 レタスをカップになるよう、直径約 10cm の丸に切り抜き、皿に並べる。**3**を適量のせ、三つ葉と錦糸玉子を飾る。

アンディーヴずし

SUSHI WITH PICKLED
RAKKYO ON RADICCHIO
BOATS

アンディーヴを器に見立て、上品な白
身魚と薬味のらっきょうを具にした爽
やかなすしを盛り込んだフィンガー
フード。ほろ苦いアンディーヴも薬味
となって食事の最初にふさわしいさっ
ぱり味に。

材料（8個分）

すし飯……120g
アンディーヴ……8枚
白身魚（すずきなど）……50g
らっきょう漬け……2個
万能ねぎ（小口切り）……適量
しょうゆ塩（商品名。→p.171、または
　醤油）……適量

1 白身魚は食べやすい大きさに切り、らっ
きょう漬けはスライスする。

2 すし飯にらっきょう漬けを混ぜ、8等分す
る。

3 2を8個ににぎり、細長く形をととのえ
る。アンディーヴの上に置いて白身魚を
のせ、万能ねぎとしょうゆ塩を飾る。

フリーズドライ
玉ねぎずし

ARROZ CON POLLO
(PERUVIAN CHICKEN
RICE) ON FREEZE-DRIED
ONION CUPS

小さなフィンガーフードには、ほんの
ひと口でもインパクトのある味わいと
プレゼンテーションが必要。ビールと
香菜がほんのり香るペルーの伝統お米
料理を、注目のフリーズドライベジタ
ブルにのせて。

材料（8個分）

アロス・コン・ポーヨ[1]（作りやすい量）
　米……3合（540㎖）
　鶏もも肉……100g
　香菜……20g
　にんにく……1片
　塩……小さじ½
　ビール……600㎖
フリーズドライ玉ねぎ（市販品）……8個
香菜の葉（飾り用）……適量

※ペルー料理で「鶏入り炊き込みご飯」のこと。

1　アロス・コン・ポーヨを作る。米は洗っ
てざるに上げ、鶏もも肉は一口大に切
る。香菜は葉のみを摘み、にんにくはス
ライスする。

2　鍋か炊飯器に米と鶏肉、香菜、にんに
く、塩を合わせ、ビールを注いで普通に
炊く。

3　アロス・コン・ポーヨを10gずつ丸くまと
める。これを8個作り、それぞれフリー
ズドライの玉ねぎにのせる。鶏肉を裂い
てのせ、香菜の葉を飾る。

MEMO　フリーズドライ玉ねぎやp.129のパプリ
カは、現在は業務用のみの取り扱い。他
にもさまざまな野菜を、鮮明な色や栄養をキープ
しながらフリーズドライにしたものがある。ジェ
ムノン（→p.176）で取り扱っている。

フリーズドライ パプリカずし

TRICOLORED SUSHI ON FREEZE-DRIED BELL PEPPER SHELLS

パプリカの甘みをプラスしたすし飯は、彩り美しいモダンずしに。これを色鮮やかなフリーズドライのパプリカにのせて、ひと口でどうぞ。

材料（12個分）

すし飯……180g
パプリカのペースト3種（作りやすい量）
　赤パプリカ……1個
　黄パプリカ……1個
　緑パプリカ……1個
フリーズドライのパプリカ（赤、黄、緑。
　市販品）……各4枚
ハラペーニョチリ※（種を取って薄切り）……
　12枚
ドライミソ（→ p.144）……適量

※濃い緑色をしたメキシコの唐辛子。辛みが強すぎない。

1. パプリカのペーストを作る。赤パプリカにフォークを刺し、直火にかざして皮全体が真っ黒になるまで焼く。皮をむいてフードプロセッサーにかける。黄パプリカ、緑パプリカも同様にする。

2. すし飯を3等分し、それぞれに赤、黄、緑のパプリカのペーストを小さじ1ずつ混ぜる。

3. 2をそれぞれ4等分にしてにぎる。

4. 3を同色のフリーズドライパプリカにのせ、ハラペーニョチリとドライミソを飾る。

もなか皮サンドずし

SUSHI SANDWICH WITH
MONAKA WAFERS

もなかの皮は、手に持っていただくのにぴったりの和の素材。昔なつかしい香ばしい風味がおいしくて、甘い具と合わせたすしとよく合います。もなかの皮は、お好みや季節で形を変えてもどうぞ。

材料（8個分）

すし飯……120g

もなかの皮……8組

だし巻き玉子（→ p.91「うに入りだし巻き玉子」でうにを入れずに作ったもの）……5cm × 5cm

ゆで海老（→ p.150）……2尾

椎茸の旨煮（→ p.150）……2〜3枚

かんぴょう煮（→ p.152）……30g

〆さば（→ p.75）……50g

大葉……2枚

まさご※……小さじ1

※ししゃもの卵の加工品。とびこで代用可。

1 だし巻き玉子、ゆで海老、椎茸の旨煮、かんぴょう煮、〆さばをそれぞれ1〜2cm大に切る。大葉はみじん切りにする。

2 ボウルにすし飯を入れ、大葉とまさごを加えてよく混ぜる。だし巻き玉子、ゆで海老、椎茸、かんぴょう、〆さばも加えてさっくりと混ぜる。

3 もなかの皮に 2 をはさんで皿に並べる。

わさび葉巻きずし

WASABI LEAF-WRAPPED SUSHI

すしと出合いもののわさび。葉と茎を具としていただきます。ふんわりとやさしい香りの葉ですし飯を巻き、辛さがツンと鼻に抜ける茎をのせた、シンプルながら奥深い日本らしい一品。

材料（8個分）

すし飯……130g

きざみわさび（商品名）※……100g

わさびの葉……3〜5枚

ホースラディッシュ（せん切り）……適量

醤油……適量

※金印物産（→ p.176）製。わさびの茎などに味つけしたもの。インターネットで購入可能。手に入らなければ、以下のようにして作る。わさび30gの皮をむき、みじん切りにする。紫玉ねぎ60g（½個）もみじん切りにし、一緒にボウルに入れる。グレープシードオイル小さじ1、おろしにんにく小さじ½、塩、黒こしょうを加えてよく混ぜる。

1 わさびの葉を熱湯でさっと湯通しし、ざるに上げて冷ます。余分な水気を絞り、巻き簾の上に少しずつ重ねながら横1列に並べる。

2 手を氷水でぬらし、すし飯を俵形にまとめてわさびの葉の上に置く。上に2〜3cm、下に2cmの余白を残して均等に広げる。巻き簾を持ち上げて巻き、断面が四角くなるよう形作る。巻き簾をはずし、包丁で8つに切り分ける。

3 皿に並べ、きざみわさびをのせて、ホースラディッシュのせん切りを飾る。醤油を添える。

NOBUのすしに合う酒とは

「NOBUの酒はおいしい」。こういうお客がとても多いという。日本の食文化を世界に広めたいというのがNOBUのコンセプト。おいしいすしとおいしいお酒。その幸せな時間を過ごすためのお酒について松久シェフが語ります。

日本の料理に日本酒が合うのは、自然のこと。私が日本酒に求めるのは、「飲み飽きしない＝料理の邪魔をしない」ことです。お米をきれいに磨いて醸すことで生まれる、雑味がなくてピュアな味。しかも日本酒らしい味わいを残した淡麗辛口。NOBUの店は、日本の1店以外はすべて海外にあります。五大陸すべてにお店があり、ワイン文化圏も多いため、フルーティなお酒も必要になります。こういったリクエストにすべて応えてくれるお酒を、新潟・佐渡の「北雪酒造」（→ p.176）さんに造ってもらっているわけです。

「北雪」さんには、酒造りに大切なよい米、ピュアな水、きれいな空気に加え、造る人の愛情がある。それが本当においしいお酒を造るのだと思います。

日本酒がすしに合うのは、生魚の臭みを溶かしてキレ味がよいから。ワインでは、生臭みを強調することもあるようなのです。ですから「生魚はちょっと……」と敬遠する海外のかたも、日本酒と一緒なら「おいしい！」と喜んで食べていただけます。

ただし、冷酒を合わせてもおいしくありません。すし飯は人肌程度に温かいもの。純米酒をそれよりちょっと温かい38℃ぐらいのぬる燗にすると、たちまち一体化して抜群においしくなる。「北雪」の純米酒はドライな味わいで香りも強くなく、どの魚とも相性がよい。すしの味が引き立ち、お酒もすすみ、幸せな時間が過ごせます。

日本酒の飲み方にルールはなく、自分でおいしく飲んでもらえたらよいと思っています。たとえば香りのよい大吟醸なら、冷やしてワイングラスに入れてのどごしを楽しむ。次にグラスを回して香りを楽しむ。そしてブランデーみたいにグラスを手で温めてもっと香りを立たせると、口に入れたときに体温と一体化してすっとしみ込んでいく。こんなふうに三度おいしく楽しめるところも魅力です。

二十数年前、メイド・イン・アメリカの日本酒が1合3〜4ドルだったころ、NOBUで出している「北雪酒造」の酒は4倍も高価で、最初は「えっ？」と驚くお客も、一度飲んだらもう前のお酒には戻れないほど魅了されていました。そして今や「北雪」の最高級品「YK35」を名指しでオーダーするほどです。「YK35」とは、Yが酒米の山田錦、Kが酵母の熊本酵母、35が精米の度合いを示します。それほどまでに日本酒が世界に広がり、クオリティの高さも知られてきたのは嬉しいことです。世界に誇れる日本の酒ですから。

アペリティフの提案

NOBU には、日本のお酒を生かしたさまざまな食前酒があります。大切なのは、料理をおいしくいただくためのプロローグであること。姿も味もきれいな7種をご紹介します。ウォッカ以外のお酒は「北雪酒造」（→ p.176）の造りです。

SAKE ROCK モヒート

SAKE ROCK MOJITO

ミントとライムの爽やかさ、その後に続く米をベースに造った酒が醸す旨みの余韻。キューバの定番カクテルが、アルコール28度の淡麗な酒で作るからこその逸品に。

材料（1人分）

SAKE ROCK……60㎖
ライム果汁……15㎖
プレーンシロップ……10㎖
トニックウォーター……適量
ミント……適量
クラッシュアイス……適量

1 ロンググラスにミントとクラッシュアイスを詰める。

2 SAKE ROCK とライム果汁、プレーンシロップをシェイカーでシェイクし、グラスに注ぐ。

3 トニックウォーターをゆっくりと注ぎ入れ、軽くかき混ぜる。

SAKE ROCK
サ ケ ロ ッ ク

SAKE ROCK

アルコール 28 度のオリジナル酒はク
リアでドライ、しかも米ベースの酒の
旨みがしっかり残る造り。キレがよく
料理を邪魔することがありません。

材料（1人分）
SAKE ROCK……適量
丸氷……1個
レモン……適量
フルール・ド・セル……少量

1 ロックグラスの縁の半分に、レモンの果肉をこす
りつけてぬらす。フルール・ド・セルをバットなど
に広げ、ぬれたグラスの縁を押しつけて結晶をつ
ける。

2 グラスに丸氷を入れ、SAKE ROCK を注ぐ。

マツヒサ・マティーニ

MATSUHISA MARTINI

名前のとおり、NOBU を代表するカクテルのひとつ。きれいな
味わいと芳醇な香りの大吟醸とウォッカに、がりで生姜の香りを
ほんのり醸します。

材料（1人分）
NOBU 大吟醸……60㎖
ウォッカ……60㎖
がり生姜……2〜3枚
きゅうりのスライス……3枚

1 マティーニグラスにきゅうりのスライスを並べる。

2 NOBU 大吟醸とウォッカ、がり生姜をシェイカーに入れてシェ
イクし、生姜を取り除いてグラスに注ぐ。

長谷寺BOTAN

CHOKOKUJI BOTAN

佐渡・長谷寺に咲く赤ぼたんを米焼酎に漬けた美しい紅色のリキュール。その色を愛で、香りを楽しみ、酒を味わうためシンプルなロックに。

材料（1人分）

長谷寺 BOTAN……適量
レモンの皮……少量
ロックアイス……適量

ロックグラスにロックアイスを入れ、長谷寺 BOTAN を注ぐ。レモンの皮を添える。

梅酒チリカーノ

PLUM LIQUEUR CHILICANO

米をベースにしたアルコール28度の酒で作った梅酒は、梅のエキスが濃厚で、甘さのキレも抜群。生姜とライムでさっぱりした食前酒に。

材料（1人分）

北雪梅酒……60㎖
ジンジャーエール……適量
生姜のすりおろし……少量
ライムの輪切り……2枚
ロックアイス……適量

1. グラスにロックアイスを入れ、側面にライムのスライスを貼りつける。

2. 梅酒を入れ、続いてジンジャーエールをグラスの縁いっぱいまで注ぐ。生姜のすりおろしを加え、軽くかき混ぜる。

ピンクピオニーフィズ

PINK PEONY FIZZ

女性好みの美しいカクテルは、フランボワーズが香る少し甘めの味わい。ロングカクテルでアルコールも少なめ。料理をおいしくいただくプロローグにぴったりです。

材料（1人分）
長谷寺 BOTAN……60㎖
フランボワーズシロップ（市販品）……10㎖
トニックウォーター……適量
ブルーベリー……2個
レモンの皮……少量
キューブアイス……適量

1 グラスにブルーベリーとキューブアイスを入れる。

2 長谷寺 BOTAN とフランボワーズシロップをシェイカーに入れてシェイクし、グラスに注ぐ。

3 トニックウォーターを注ぎ入れ、軽くかき混ぜてからレモンの皮を飾る。

柚子酒

YUZU SAKE

香り高い大吟醸と、和を代表する香りのひとつ、柚子との出合いのカクテル。ほんのりした色も和の情緒を醸し出します。

材料（1人分）
NOBU 大吟醸……60㎖
柚子の絞り汁……小さじ1
柚子シロップ（市販品）……小さじ2
丸氷……1個

1 ロックグラスに丸氷を入れる。

2 NOBU 大吟醸と柚子の絞り汁、柚子シロップをグラスに注ぎ、軽く混ぜる。

PART 5

すし献立

すしはそれだけでごちそうですが、
おもてなしのときには料理を組み合わせて、
コース仕立てにしたりお弁当にしたりすると、
きっと驚きの声が上がることでしょう。
NOBUで実際に提供しているメニューから、
おすすめの献立をご紹介します。

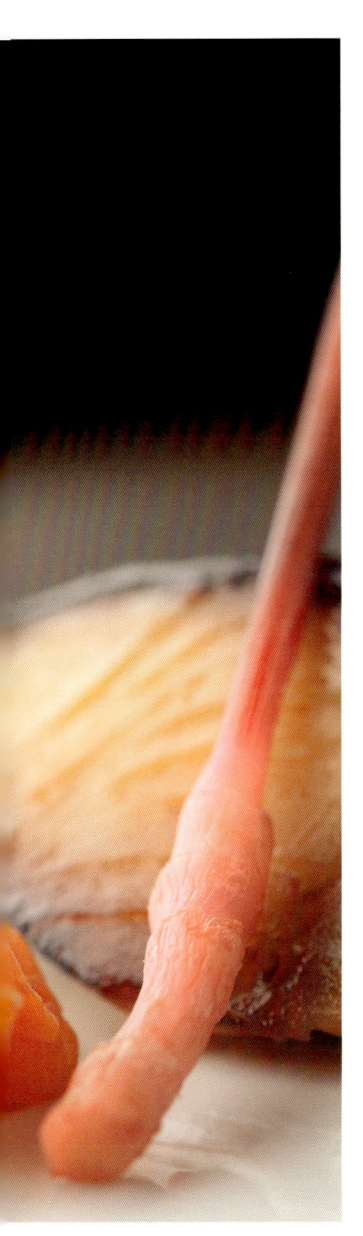
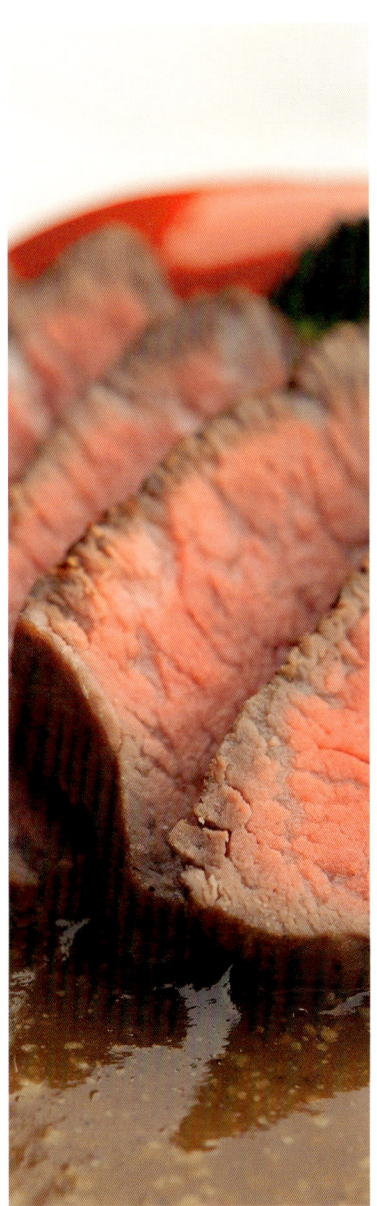
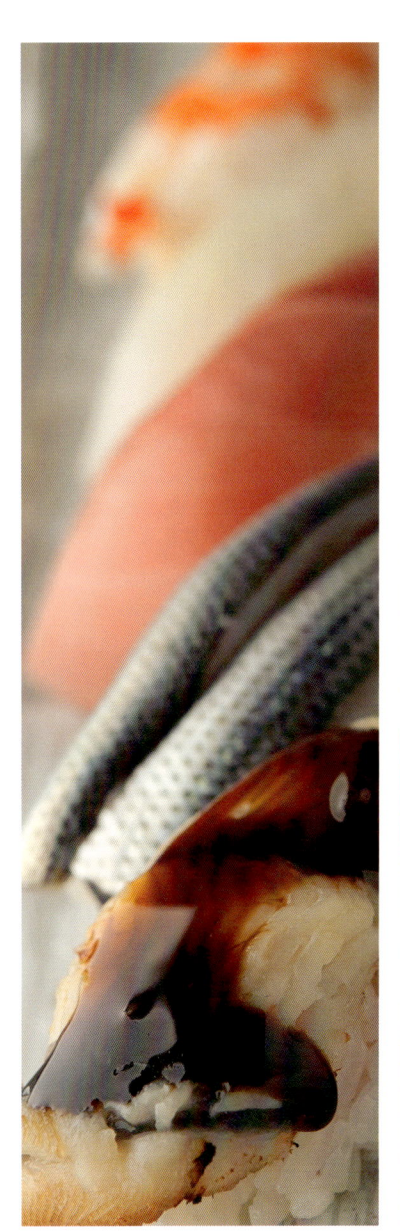

SUSHI COURSE DISHES

コース仕立てで

すしは前菜にもメインにもなる料理で、海外では最初に食べることも多い。しかし、和を基本としたNOBUのすしコースでは、やっぱりクライマックスににぎりずし。仕上げのデザートまでNOBUスタイルの王道料理が楽しめます。

写真、上から
マツヒサシュリンプ
白身魚の刺身　ロコトチリとしょうゆ塩添え
あん肝キャビア添え　芥子酢味噌　山桃

あん肝キャビア添え
芥子酢味噌 山桃

材料（4人分）

あんこうの肝……200〜300g
芥子酢味噌ソース（→p.153）……適量
キャビア……小さじ4
山桃……4個
塩……適量

1 あんこうの肝は、血管を包丁で取り除き、薄皮を引っ張ってはがす。裏返して同様にし、大きければ斜めに2〜3切れに切り分ける。

2 3%の塩を加えた氷水に30分〜1時間つけ、引き上げてペーパータオルで水気を拭く。

3 ラップを広げてあんこうの肝1切れを置き、ラップでくるくると巻いてからキャンディのように両端をひねって留める。空気が入っている箇所に針か竹串を刺して空気を抜く。

4 左右の手でひねった部分を持ち、ぎゅっと下に押しつけながら前方向に押して何度も回転させる（ロールは短く、また太くなっていく）。直径5cmの筒形になったらアルミ箔で重ねて包み、同様に両端をひねって留める。さらに巻き簾で巻いて形をととのえ、輪ゴムで留める。

5 残りのあん肝も、同様の筒状にととのえる。

6 蒸し器に入れ、強火で約40分蒸す。冷めてから冷蔵庫で冷やす。

7 あん肝を4切れ切り出す。皿に芥子酢味噌ソースを流し、それぞれあん肝をのせてキャビアを飾る。山桃を添える。

第1の皿：アペタイザー
前菜3種盛り

お酒をおいしくいただくための最初の一皿として、和の前菜である新鮮な刺身や酒肴を少しずつ盛り合わせて楽しんでいただく。白身魚の刺身にはオリジナルのしょうゆ塩と辛いソースを、マツヒサシュリンプにはキャビアをのせてピンチョス風に（いずれも作り方省略）。

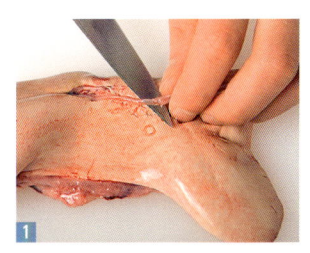

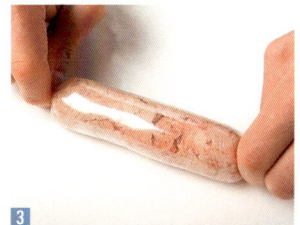

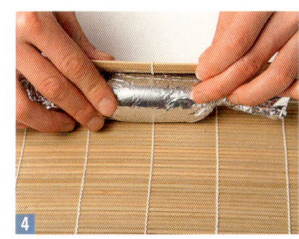

第2の皿：刺身
サーモンの
ニュースタイルサシミ

NOBU スタイルの代表「ニュースタイルサシミ」
（→ p.26）をサーモンで。ごく軽く火が入って海外でも
人気の一皿。スタイリッシュな盛りつけもごちそう。

第3の皿：サラダ
帆立貝柱の炙り
ベビースピナッチのサラダ
ドライミソドレッシング

前菜からサラダまでの3皿は、生から半生の軽やか
な料理でお酒と一緒に楽しんで、徐々に気分もおなか
も満たしていただける料理に。オリジナルのドライミ
ソが味のアクセント。

材料（2人分）
帆立貝柱……6個
ベビースピナッチ……80g
ポロねぎ……10cm 長さ
サラダ用シーズニング
　ドライミソ（→右記）……小さじ2
　柚子の絞り汁……小さじ2
　エクストラ・ヴァージン・オリーブ油……大さじ2
　トリュフオイル……小さじ2
　パルミジャーノ・レッジャーノ（すりおろす）……小さじ4
　黒こしょう……少量
赤パプリカ（あられ切り）……小さじ2
塩、黒こしょう……各適量
揚げ油（サラダ油）……適量

1　ポロねぎは長さを半分に切り、それぞれ切り目を入れて芯を
抜き、繊維にそって極細切りにする。160℃の揚げ油できつ
ね色になるまで（3〜4分）揚げる。

2　ベビースピナッチと1をボウルに合わせ、サラダ用シーズニ
ングの材料を加えてさっくりと混ぜる。器に盛り、上から赤
パプリカをかける。

3　帆立貝柱の両面に塩、こしょうをふり、両面を焼き網かグリ
ルで炙る。2に添える。

ドライミソの作り方

信州味噌（こし味噌）をオーブン
ペーパーの上にごく薄くのばし、
70℃のオーブンで12時間乾か
す。取り出して手で崩すかミルで
くだいて、密閉容器に入れて保
存。あれば乾燥剤も入れる。

第4の皿：魚料理
銀だらの西京焼き

ロバート・デ・ニーロが気に入っている
と評判になり、今や世界中に広まった
NOBUを象徴する大切な料理。脂ののっ
た魚と味噌の旨み、香ばしい香りが抜群に
おいしい。

材料（2人分）

銀だら……120gのもの2切れ
NOBU風西京味噌（→ p.153）……400㎖
はじかみ生姜……2本
あんずの蜜煮（作りやすい量）
　干しあんず……5〜6個
　水……100㎖
　グラニュー糖……25g
　ブランデー……小さじ1
柚子味噌（→ p.153）……適量

1 西京味噌を保存容器に入れ、銀だらを漬け込んでラップで味噌の表面を覆う。冷蔵庫で4日間おく。

2 小鍋に水とグラニュー糖を入れて沸かし、干しあんずを加えてひと煮立ちしたら火を止める。冷めたらブランデーで香りづけする。

3 銀だらを取り出し、味噌を指で軽くぬぐい、200℃に熱したオーブンで約10分焼く。必要なら、オーブントースターで焼き色をつける。

4 皿に盛り、それぞれはじかみ生姜とあんずの蜜煮1個を添える。柚子味噌をたらす。

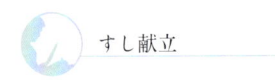

第5の皿：肉料理
和牛のグリル わさびペッパーソース

見た目は洋風ながら、和の素材を大切にした料理。このソースのわさびの香り、こしょうの辛みは牛肉と抜群に相性がよく、海外でも大人気メニューです。

材料（2人分）
和牛サーロイン肉（ステーキ用）……75gのもの2枚
ブロッコリー……小房2個
赤パプリカ……¼個
ソース
　澄ましバター※（もしくは普通のバター）……小さじ1
　おろしにんにく……小さじ1
　わさびペッパーソース（→p.153）……40mℓ
　黒こしょう……小さじ1
ピュア・オリーブ油……適量
酒……適量
塩、黒こしょう……各適量
サラダ油……適量

※バターを弱火で溶かした上澄み。

1 ブロッコリーは、オリーブ油と酒各少量、塩、こしょうをふり、200℃のオーブンで7～8分焼く。揚げ油のサラダ油を160℃に熱し、赤パプリカを食べやすい大きさに切って入れ、2～3分揚げる。

2 牛肉は室温にもどし、全体に塩、こしょうをふる。グリルかフライパンを熱してサラダ油をひき、牛肉を入れて両面に軽く焼き目をつける。耐熱皿にのせて、230℃のオーブンで3～5分焼く。

3 オーブンから取り出してアルミ箔をかぶせ、5分ほど休ませる。

4 食べる直前にソースを作る。小さなフライパンに澄ましバターとおろしにんにくを入れて火にかける。香りが立ったらわさびペッパーソースと黒こしょうを入れ、手早く混ぜてとろりと乳化させる。沸いたらすぐに火からおろす。

5 **3**を食べやすい大きさにスライスし、皿に盛る。**1**を添え、手前にソースを流す。

第6の皿：すし
にぎり5種

コースの主役は、新鮮なネタでにぎるすし。5皿を食べたあとなので、人気のネタを中心に盛り合わせる。

煮穴子

こはだ

中トロ

ひらめ

車海老

第7の皿：デザート
Bento Box

塗りの器に盛ったデザート盛り合わせ。スフレはお客の食べるタイミングに合わせて焼きたてを提供。スプーンを入れると中からとろりとチョコレートが溶け出します（作り方は省略）。

チョコレートスフレ

バニラアイスクリーム

ラズベリーソース

季節のフルーツ

お弁当で

Lunch Box

NOBU にはビジネスマン客も多いため、ランチではコースに加え、手早くいただけるお弁当も好評。なかでも人気なのが、この 2 段の Lunch Box。ハウススペシャルロールとカリフォルニアロールに加え、セヴィーチェやスパイシーマヨネーズ、わさびペッパーソースといった NOBU テイストのオールスターズがコンパクトに詰まった、まるで宝石箱。クイックに、でもおいしいものを少しずつ、ちゃんと食べたいというニーズに応えた贅沢なお弁当です。

ハウス スペシャルロール

カリフォルニアロール

サーモン、白身魚、たこのセヴィーチェ

まぐろのシアード マツヒサドレッシング

ロックシュリンプの天ぷら スパイシーマヨネーズ

ローストビーフのわさびペッパーソース

なすの揚げびたし

パプリカの素揚げ

シーバスの照り焼きソテー 和風トリュフソース

覚えて便利、プロの技

すし屋には、プロならではの仕込みが多くあります。なかでも濃厚な甘辛だれの「ツメ」を作ったり、ふわふわのすし屋の厚焼き玉子を作るのは少し難しいと思うかたもいるかもしれませんが、ぜひトライして NOBU の味を再現してみましょう。

椎茸の旨煮

刻んで五目ちらしずしや巻きずしの具に使えます。
日もちするので、多めに作って冷蔵庫で保存しても便利。

材料（10 枚分）

干し椎茸……10 枚
椎茸のもどし汁……500㎖
醤油……60㎖
みりん……120㎖
酒……120㎖
グラニュー糖……大さじ 4

1. 干し椎茸をたっぷりの水に浸し、一晩かけてもどす。

2. 椎茸を取り出し、軸を切り落とす。

3. 鍋に 2 と椎茸のもどし汁 500㎖ を入れ、強火にかける。沸騰したらあくを除いて弱火にし、柔らかくなるまで煮る。

4. 醤油、みりん、酒、グラニュー糖を加えてさらに 30 ～ 40 分弱火で煮る。汁気がほぼなくなるまで煮含める。

海老のゆで方

海老は加熱すると背が丸まりますが、にぎりではとくに、まっすぐでないと使いづらいので竹串を利用します。鮮度のよい海老はさっとゆで、芯を半生状態にゆで上げましょう。

1. 車海老の頭を手で取り除く。足側（裏側）を上に向け、尾のつけ根に串を刺す。足のつけ根を伝うようにしてのどもとまで串を通す。

2. 鍋に湯を沸かし、吸いもの程度の塩（約 1％）を加えて海老を入れる。いったん沈み、浮き上がってもう一度沈みかけたところを引き上げる（約 1 分後）。串を回してみて動かなければ火が通っているので、すぐに氷水に落として冷やす。

3. ざるに上げて、水気を拭く。

錦糸玉子

細く切った薄焼き玉子が、まるで錦糸のように見えることからこの名がつきました。
ちらしずしや蒸しずしなどの上に飾るとそれだけで華やかに。

材料（作りやすい量）

卵……1個
油……適量

1 卵をボウルに割り入れ、空気を含ませないように気をつけながらときほぐす。網などを使ってこす。

2 玉子焼き器をよく熱し、油をペーパータオルに含ませて薄く塗る。中火にして卵を流し入れ、全体に薄く広げる。

3 卵の表面が乾いたら、脇から菜箸2本を差し込んで持ち上げ、取り出す。

4 3等分に切って重ね、端からせん切りにする。

はも入り厚焼き玉子

江戸前のふわふわした厚焼き玉子は、にぎりずしの締めに欠かせないネタのひとつ。和三盆糖を贅沢に使い、上品な味わいに。オーブンを使うと色よくきれいに焼き上がります。

材料
（24.5cm 角× 4cm の型 1 個分）

卵……10 個
卵白……2 個分
むき海老……100g
はも（または白身魚）のすり身……300g
和三盆糖……200g
大和芋（すりおろす）……170g
薄口醤油……40㎖
酒……40㎖
みりん……80㎖
塩……少量

1 すり鉢にむき海老を入れてする。はものすり身を加えてさらにすり、和三盆糖と大和芋も順に加えてよく混ぜる。

2 薄口醤油、酒、みりん、塩を加えて混ぜ、充分に混ざったらとき卵を少しずつ加えて充分に混ぜ合わせる。

3 卵白を固く泡立てて加え、さっくりと混ぜる。

4 クッキングシートを敷き込んだ型※に生地を流し入れる。トントンとテーブルに打ちつけて生地を均等に広げ、同時に生地の中の空気を逃がす。

5 160℃のオーブンに入れて、30 ～ 40 分焼く。竹串を刺してみて、何もついてこなければ焼き上がり。

6 油きり網などの上にひっくり返して型からはずし、クッキングシートをはがす。

※クッキングシートを型よりひと回り大きい正方形に切る。四隅から中心に向かって 4 ～5cm の切り込みを入れ、型に敷き込む。

かんぴょう煮

刻んでちらしずしに混ぜたり、細巻きの具に。弱火で味をじっくり中まで含ませるため日もちするので、まとめて作って冷蔵保存すると便利。

材料（作りやすい量）

かんぴょう（乾物）……100g
煮汁
　だし……500㎖
　醤油……100㎖
　みりん……100㎖
　酒……100㎖
　グラニュー糖……300g

1　ボウルに水をはり、かんぴょうを入れてよく洗う。ざるに上げる。

2　鍋にたっぷりの湯を沸かして 1 を入れ、30 分ほどゆでてざるに上げる。ゆで上がりの目安は、充分に膨らんで爪が入るくらい。

3　鍋に煮汁の材料を合わせて煮立て、2 のかんぴょうを入れる。

4　沸騰したら弱火にし、約 30 分煮る。

5　ざるに上げる。

かんぴょう煮の煮汁を使って
煮穴子

すし屋に欠かせない仕事のひとつが、この煮穴子。よくぬめりを取った穴子を、ふっくらと炊き上げてにぎりのネタに。

材料（5 尾分）

開いた穴子……160g ほどのもの 5 尾
かんぴょう煮の煮汁
　　……700〜750㎖
醤油……15㎖
グラニュー糖……大さじ 5

1　穴子をボウルに入れ、皮目に粗塩（材料表外）をふってよくもむ。皮目を上にしてまな板に置き、尾側を片手で押さえながらたわしでこすってぬめりを除き、軽く水で洗う。

2　かんぴょうを煮た煮汁（上記）に醤油とグラニュー糖を加え、強火で煮立てる。

3　強火のまま、穴子を 1 尾ずつ加える。

4　すべての穴子を入れ、もう一度沸騰したら弱火にして 10 分煮る。

5　ざるに上げて冷ます。

煮穴子の煮汁を使って
穴子のツメ

煮穴子やたこなどのにぎりの仕上げに塗るツメは、穴子を煮たあとの旨みが移った煮汁から作ります。とろりとなめらかになってつやが出るまで、辛抱強く煮つめることが大切。

1　煮穴子を引き上げたら、火を強め、大きなへらで鍋底をこするようにして絶えずかき混ぜながら、とろりとするまで煮つめる。

2　粗熱を取って密閉容器に入れ、冷蔵庫に保存する。2〜3 週間保存可能。

本書に登場するソース・たれ

NOBU では、さまざまな作りおきのオリジナルソースやたれがあります。冷蔵庫で保存すれば、いずれも 3 ～ 4 日もちます。口が細くなっているソース用の容器に入れると、使いやすいです。

アボカドマヨネーズ　(p.29)

材料（約 120㎖分）

アボカド……50g
マヨネーズ……50g
レモン汁……小さじ 1
上記材料を合わせてフードプロセッサーにかけ、なめらかな状態にする。

芥子酢味噌ソース　(p.143)

材料（約 170㎖分）

粉和芥子……小さじ 1
ぬるま湯……小さじ 2
NOBU 風西京味噌（右記）……150g
米酢……35㎖

1 和芥子にぬるま湯を加えて溶き、よく練る。
2 NOBU 風西京味噌と米酢を加えて混ぜる。

コチュジャン西京味噌ソース　(p.25)

材料（約 200㎖分）

NOBU 風西京味噌（右記）……100g
コチュジャン……100g
煮きり酒……大さじ 2
上記材料を混ぜ合わせる。

スパイシーマヨネーズ　(p.32、35、49、120)

材料（約 240㎖分）

マヨネーズ……180g
チリガーリック（蒜蓉辣椒醤／市販品）……小さじ 2

1 チリガーリックをフードプロセッサーにかけてなめらかにする。
2 マヨネーズと混ぜ合わせる。

セビーチェソース　(p.105)

材料（約 200㎖分）

レモン汁※1……120㎖
柚子の絞り汁※1……20㎖
塩水（塩分濃度 3%）……20㎖
醤油……5㎖強
にんにく（みじん切り）……大さじ 1

しょうが（すりおろす）……小さじ 1
黒こしょう……小さじ 1 弱
アヒ・アマリーヨペースト（市販品）※2……小さじ 1

※1 市販の 100% 果汁でもよい。
※2 ペルーの黄色い唐辛子のペースト。南米食材店で購入できる。

上記材料を混ぜ合わせる。

チャラキータサルサ　(p.87)

材料（約 400㎖分）

玉ねぎ（みじん切り）……100g
フルーツトマト（みじん切り）……100g
レモン汁……20㎖
塩……小さじ 1
上記材料を混ぜ合わせ、10 ～ 15 分おいてなじませる。

ニュースタイルオイル　(p.26、70)

材料（250㎖分）

ピュア・オリーブ油……225㎖
ごま油……25㎖
上記材料を混ぜ合わせる。

にんにく醤油　(p.25、60)

材料（約 200㎖分）

煮きり酒……100㎖
醤油……100㎖
おろしにんにく……小さじ 1
上記材料を混ぜ合わせる。

NOBU 風西京味噌　(p.145)

材料（800g 分）

信州味噌（こし味噌）……450g
グラニュー糖……225g
酒……150㎖
みりん……150㎖

1 鍋に酒とみりんを合わせてグラニュー糖を加え、強火にかけて砂糖を煮溶かす。
2 1に信州味噌を加え、泡立て器でよく混ぜ合わせる。木べらに持ち替えて混ぜながら火を入れ、沸いてきたらすぐ

火からおろす。砂糖が多く冷めるととろみがつくため、ゆるい状態で火からおろしてかまわない。

ハラペーニョサルサ　(p.81)

材料（約 250㎖分）

赤玉ねぎ（みじん切り）……100g
ハラペーニョチリ※（みじん切り）……20g
レモン汁……大さじ 2½
グレープシードオイル……小さじ 1
粗塩……小さじ ½

※濃い緑色をしたメキシコの唐辛子。辛みが強すぎない。

上記材料を混ぜ合わせ、10 ～ 15 分おいてなじませる。

柚子ソイソース　(p.26、68、69、70)

材料（110㎖分）

醤油……75㎖
柚子の絞り汁……35㎖
上記材料を混ぜ合わせる。

柚子味噌　(p.145)

材料（約 150㎖分）

NOBU 風西京味噌（左記）……125㎖
柚子のピュレ※……大さじ ½
米酢……25㎖

※柚子の種を取り、皮ごとミキサーにかけるか包丁で細かくたたいたもの。

上記材料を混ぜ合わせる。

わさびペッパーソース　(p.146)

材料（260㎖分）

粉わさび……大さじ 3
水……35㎖
醤油……30㎖
減塩醤油……30㎖
だし……120㎖

1 粉わさびを水で溶く。
2 1に醤油、減塩醤油、だしを混ぜ合わせる。

魚のさばき方の基本

新鮮な魚は、まずおろすことからスタートです。ご家庭なら鮮魚店でさばいてもらったり、さくや刺身になっているものを使うこともあるでしょうが、一尾魚が手に入ったときのために、おろし方をていねいにご紹介します。基本は出刃包丁を使います。

さばの三枚おろし

おろし方の基本で、さばき終わりが2枚の身と1枚の骨になることから、三枚おろしと呼ばれます。さばやあじ、鯛など紡錘形をした魚なら、ほぼこの方法でおろすことができます。

1. さばの尾から頭に向かって包丁を垂直に立ててこすり、うろこを除く。頭を左に置いて、胸びれの後ろから包丁を寝かせて斜めに切り込む。

2. 頭の位置は変えずに表裏を返し、同様に切り込んで頭を落とす。

3. 頭側から肛門の後ろまで腹を切り開く。包丁で内臓をかき出し、血や汚れをよく洗ってペーパータオルで水気を拭き取る。

4. 三枚おろしにする。尾を左、腹を手前にして置き、中骨の真上をそうように頭側から尾まで切り込む。このとき、真ん中の背骨までを切る。

5. そのまま魚の向きを変えて尾を右、背を手前にする。背びれの上を、尾から頭に向かって切り込む。

6. 背骨と身をていねいに切り離す。上の身を持ち上げるとわかりやすい。

7. 尾の近くに包丁を差し込み、左手で尾のつけ根を押さえながら包丁をすべらせて、中骨と身を完全に切り離す。

8. 尾のつけ根を切って上の身をはずす。反対側の身は尾を左、中骨を下にして置き、背側を頭から尾に向かって切り込む。逆にして尾から頭に向かって切り込み、尾のつけ根を切って身をはずす。

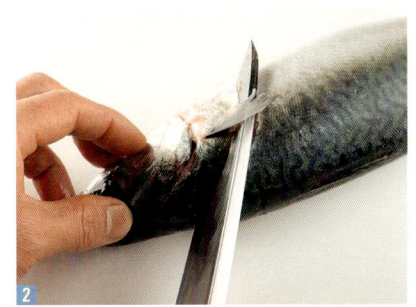

あじの背開き

魚の背側から切り開いて一枚の状態にし、骨を取り除く方法です。一般には酢でしめてそのまま棒ずしにしたり、塩水につけて一夜干しにするときに用います。

1. あじの尾から頭に向かって包丁を垂直に立ててこすり、うろこを除く。あじの胸びれのつけ根に包丁をあてて、斜めに切り込む。

2. 上下をひっくり返して、同様に切り込む。

3. そのまま頭を切り落とす。切り口からはらわたを抜いて洗う。

4. 尾を左、背を手前にしてまな板に置く。頭の切り口から尾に向かって、中骨の真上をにそわせるように包丁を入れる。

5. そのまま奥まで切り込み、腹側は切り離さないで開く。

6. あじの上下をひっくり返し、尾を右にして置く。残った中骨の真上をにそわせて包丁を入れ、身から中骨をすき取るようにして切り離す。

7. 尾のつけ根で中骨を切り落とす。

8. 骨抜きを使って小骨を抜く。

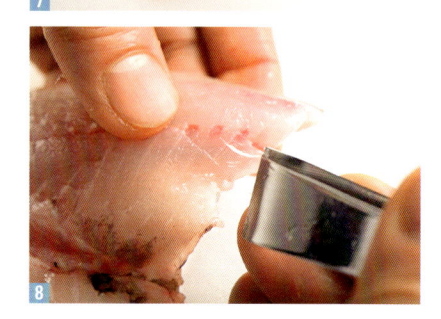

さよりの腹開き

魚の腹側から切り開いて一枚の状態にし、骨を取り除く方法です。背開きとはどちらから開くかの違いで、用途に応じて使い分けます。

1. さよりのうろこを除き、胸びれのつけ根に包丁をあてて、頭を斜めに切り落とす。

2. 尾を左、腹を手前にしてまな板に置く。頭の切り口から肛門に向かって腹を切り開く。

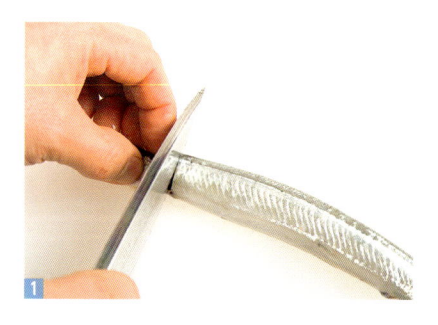

3 内臓をかき出し、水できれいに洗って水気を拭き取る。

4 尾を左、腹を手前に置いて、中骨の真上にそわせるようにして頭側から尾側まで切り込む。背側は切り離さないよう注意する。腹の中の黒い部分を包丁の刃先でこすり取る。

5 身を開き、中骨と身の間に頭側から包丁を入れて、中骨を身からはずす。尾のつけ根で骨を切る。

6 両脇の腹骨をすき取り、骨抜きで小骨を抜く。

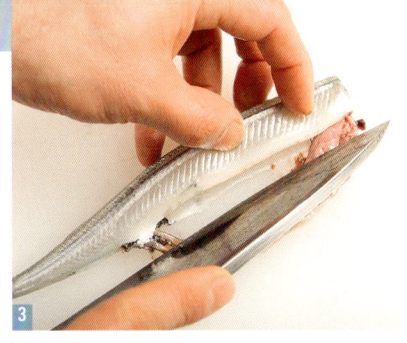
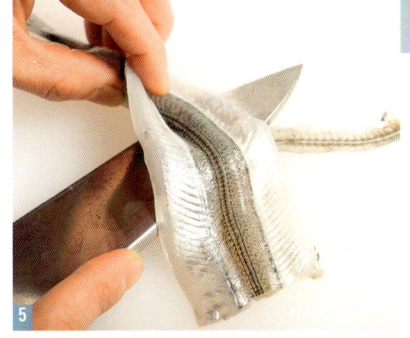

豆あじの開き

小さいあじは「豆あじ」と呼ばれ、頭も柔らかく食べることができるので、落とさずに一緒に開きます。

1 豆あじの尾から頭に向かって包丁を垂直に立ててこすり、うろこを除く。

2 ぜいごをそぐようにして切り取る。

3 尾を左、背を手前にして置き、頭から尾に向かって中骨の真上をすべらせるようにして切り込む。

4 腹側は切り離さないよう注意しながら切り込み、開く。

5 包丁の刃先で内臓を除き、腹骨をすき取る。

6 豆あじの上下をひっくり返して頭を左にして置き、残った中骨の真上にそうようにして包丁を入れる。

7 中骨を身から切り離し、尾のつけ根で切り落とす。

8 骨抜きでえらを引っ張って除き、目玉を取り除く。

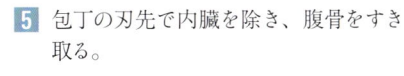
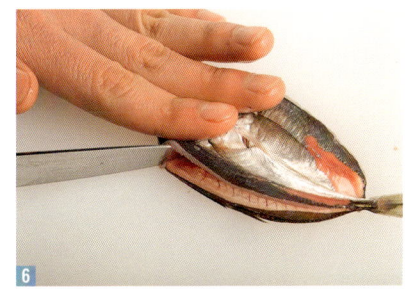

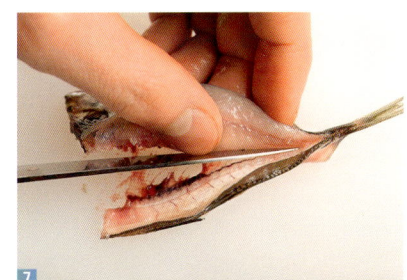

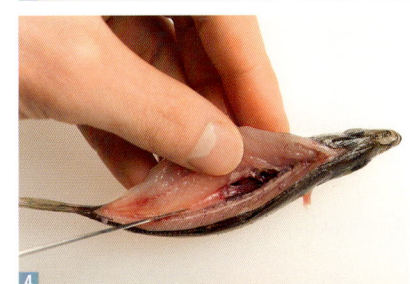
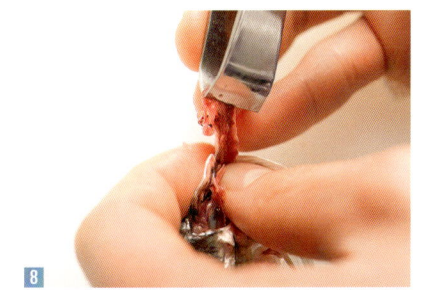
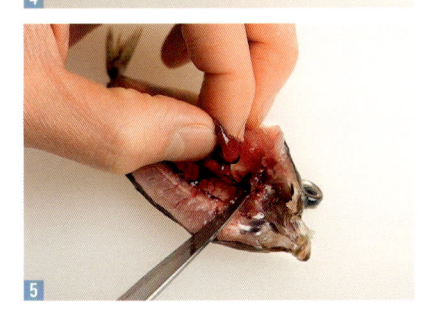

いわしの手開き

いわしは身が柔らかいので、包丁ではなく手で簡単に開くことができます。内臓を取って軽く切り込むところまでは包丁を使いますが、あとは手のほうが早く仕上がります。

1 いわしの尾から頭に向かって包丁を垂直に立ててこすり、うろこを除く。

2 胸びれのつけ根に包丁をあてて、頭を斜めに切り落とす。

3 腹の部分を大きく斜めに切り落とし、中の内臓を包丁の刃先でかき出す。尾を切り落とし、水で洗って水気を拭く。

4 尾側を左、腹を手前に置いて、中骨の真上にそうようにして頭側から尾側まで包丁で浅めに切り込む。

5 身を両手で持って左右に開く。

6 親指を使い、背の皮一枚を残して完全に開く。

7 左手の親指と人差し指で背骨をつまんで身をひっくり返し、右手でしごくようにして身を背骨からはがし取る。

8 両脇の腹骨をすき取り、骨抜きで小骨を抜く。

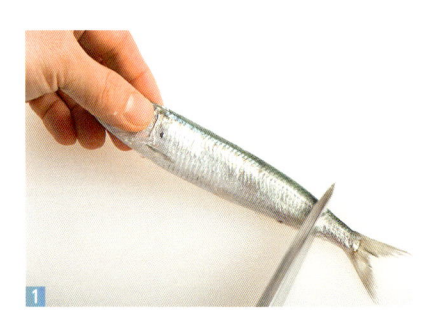

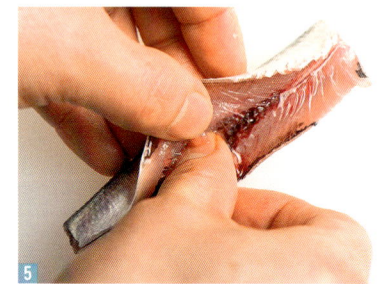
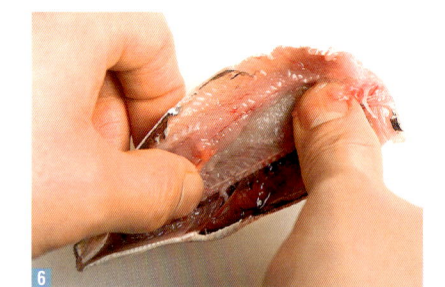
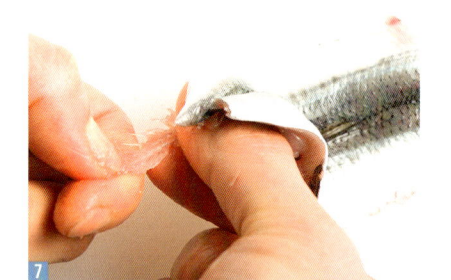
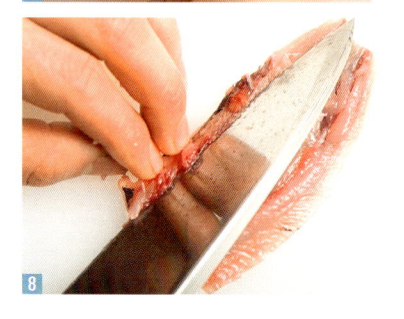

真だこ

1 真だこの頭の中に包丁を入れ、内臓と頭をつなぐ筋を切る。

2 手で頭を裏返す。

3 内側にある白っぽい内臓、墨袋、あれば卵などを切り取る。

4 頭を元に戻し、足のつけ根にある口を切り取る。

5 目の際に包丁を入れ、目玉を押し出して取り除く。

6 すり鉢に入れて粗塩をまぶし、しごくようにしてよくもむ。白いぬめりのある泡がたくさん出たら水洗いし、もう一度すり鉢に戻してよくもむ。これを数回、た

このぬめりがなくなるまでくり返す。ぬめりを残すとゆでたあとに生臭さを感じるので注意する。よく水で洗う。

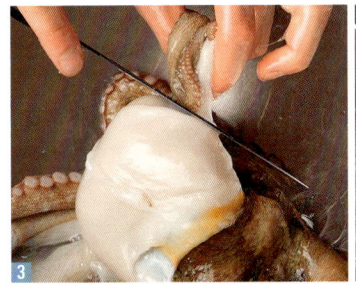 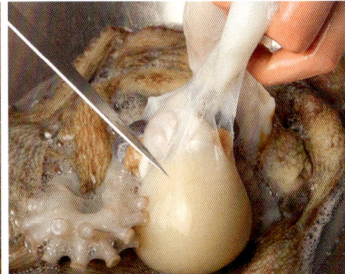 

 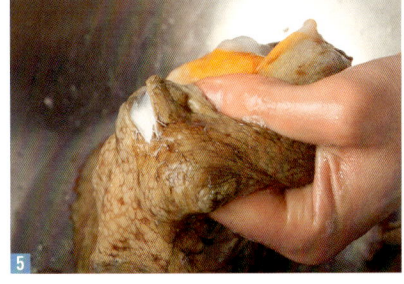 

北海だこの足

1 北海だこの足をまな板に置き、吸盤の下に包丁を入れるようにして、長く1本切り目を入れる。

2 足の太いほうから細いほうに向かって、包丁で開きながら少しずつていねいに吸盤と皮を取る（皮と吸盤は、塩でもんでゆでれば別の料理に使うことができる）。

3 布巾かペーパータオルを使って、薄皮も取り除く。

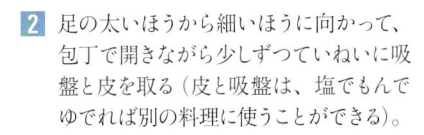

  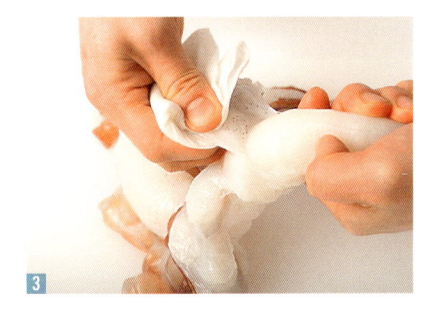

筒いかの開き
（やりいか、白いか、するめいかなど）

1 いかの胴の中に手を入れ、内臓と身をつなぐ筋をはずす。

2 足を引っぱり、内臓ごと抜き取る。胴の中に手を入れ、軟骨を抜き取る。

3 えんぺら（ひれ）を胴の先から足のほうに向かって引っ張り、はずす。全体の皮をむく。水で洗う。胴の中に残った内臓を除き、きれいに洗って水気を拭く。

4 軟骨がついていた部分にそって縦に切り開く。内側の薄皮もむく。

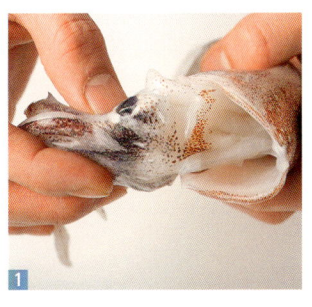 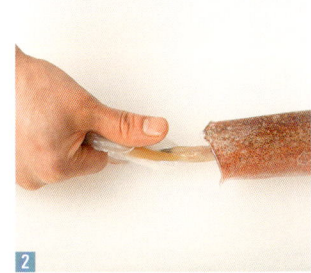 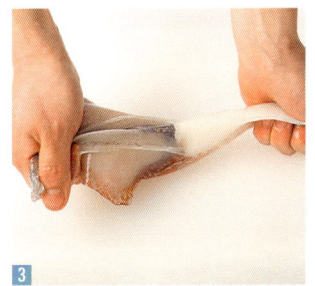 

赤貝

1. 赤貝のちょうつがいに貝むきかナイフを差し込み、はずす。赤貝の殻はもろいので、割れることも多い。

2. 貝の口が少し開くので、そこに貝むきを差し込んでこじ開ける。4つある貝柱を、貝むきでそれぞれはずし、殻から取り出す。

3. 中心にある身を指でつかんで写真のように引っ張り、身とひもを分ける。

4. ひもから黒っぽい部分を切り離し、ぬるぬるした部分を包丁でこそげて除く。

5. 身の厚みの半分に切り込みを入れ（切り離さない）、開く。

6. 開いた内側の脇についている内臓（茶色い部分）を包丁で削ぐ。

7. ぬめりを取るため粗塩少量をまぶし、軽くもんで水洗いする。赤貝は水に触れると鮮度が落ちるため手早く洗うこと。水気をよく拭き取る。

北寄貝
ほっき

1. 殻の隙間に貝むきを入れてこじ開ける。

2. 4つある貝柱を、貝むきでそれぞれはがす。

3. 殻から取り出し、身とひもを切り離す。

4. 湯を静かに沸騰させ、ひもと身をそれぞれ5〜6秒通して軽く火を入れる。

5. 身の先端が赤くなったらすぐに氷水にとり、よく洗ってぬめりを除く。

6. 身の厚みを半分に削ぐようにして横から包丁を入れ、完全に切り離さずに残して開く。

7. 内臓を包丁で削ぐようにして取り除く。

8. ひもから内臓や表面の薄い膜などを取り除く。水でよく洗い、水気を拭き取る。

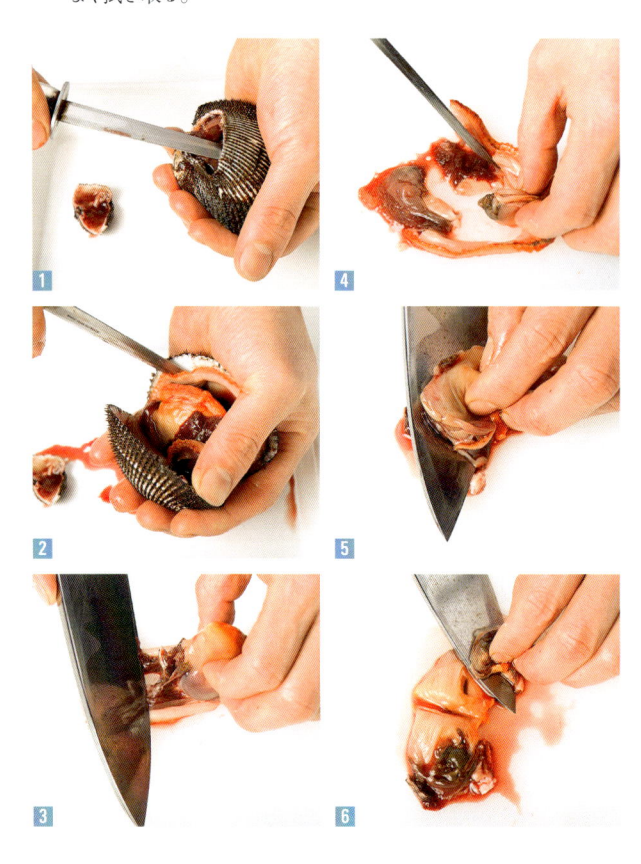

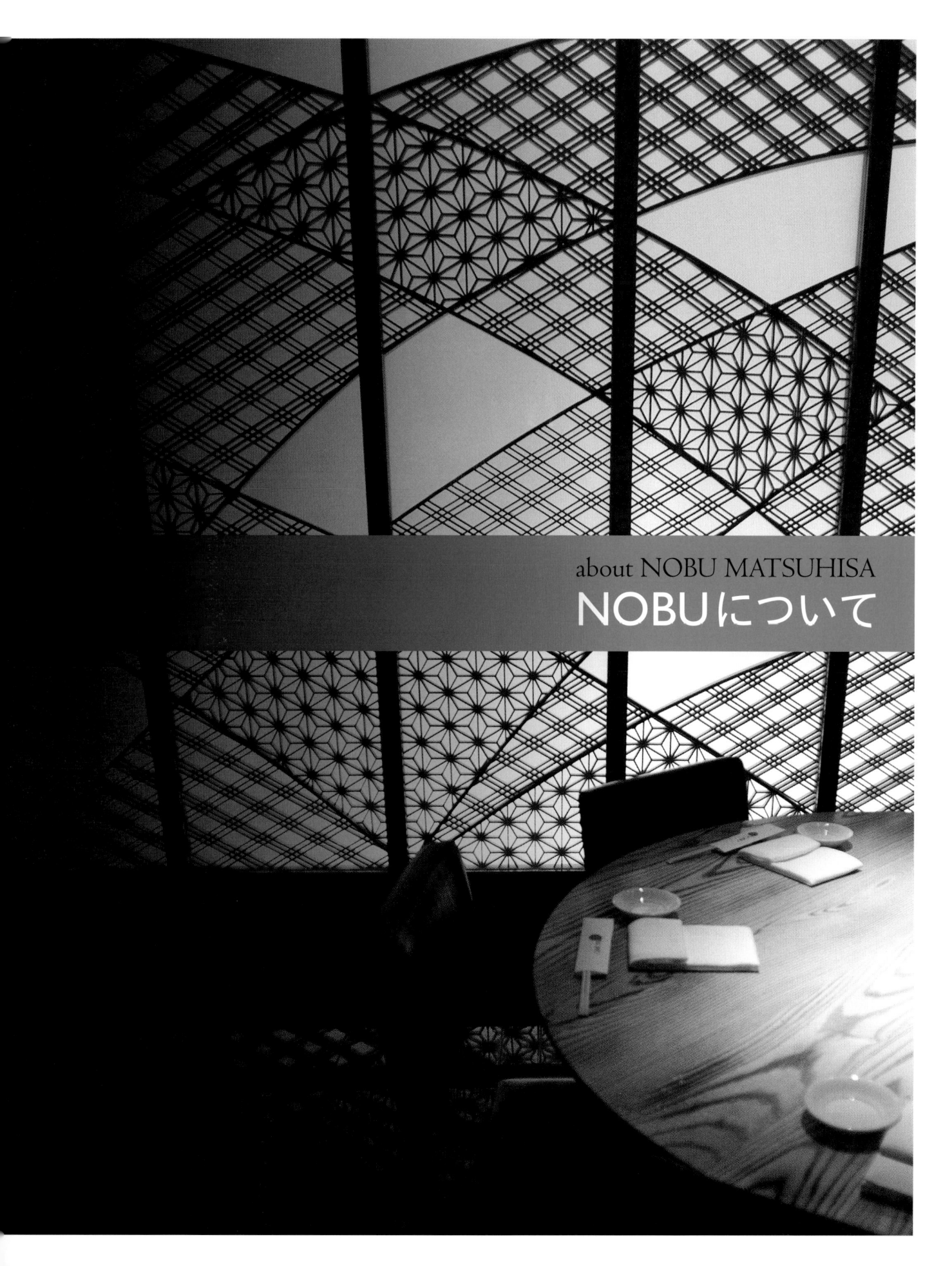

about NOBU MATSUHISA

NOBUについて

松久信幸 1949 年、埼玉県生まれ。

NOBU の料理は、歴然とした日本料理でありながらも新感覚という、独自の世界を築いています。その「NOBU スタイル」が生まれた背景にあるのは、ノブ・マツヒサの生き方。NOBU スタイルが世の中に広まり、定着し、次なる進化を遂げようとしている今、ここに至るまでの略歴をご紹介します。

'67 年

高校卒業後、すし職人として東京・新宿の「松栄鮨」に住み込みで入り、7 年間修業。料理人としての基本を身につける。

'73 年

南米ペルーのリマに、23 歳で「松栄鮨」を共同経営で開く。ここで現在の NOBU スタイルのひとつとなる「セヴィーチェ」「ティラディート」などに出会う。お店は当初から繁盛していたが、惜しみなく良質の食材を使う松久と利益を追求する経営パートナーと折り合いが悪くなり、2 年半後にアルゼンチンのブエノスアイレスの日本料理店に入る。1 年ほど働き、一時帰国。

'77 年

アラスカ・アンカレッジに日本料理店をオープン。連日満席の日が続いていた 50 日目、漏電による火災でお店は全焼。多額の借金を抱えたまま友人を頼りにアメリカ・ロスアンジェルスに渡り、9 年間すし職人として勤める。

'87 年

ビバリーヒルズに日本料理店「Matsuhisa」をオープン。良質の食材を使い、心を込めて作り、お客が満足することを第一にし、1 年も経たずに連日満席の人気店となる。トム・クルーズやリチャード・ギア、マドンナなどのハリウッドスターたちを魅了した。また『ザガット・サーベイ』のレストラン部門で 1 位になったり、『ニューヨークタイムズ』の世界のレストラン 10 に選ばれるなどしている。これらアメリカでの経験が、海外のかたにいかにおいしく、食べやすく料理を提供できるかの原点となり、ロールずしに大根を巻く手法や「ニュースタイルサシミ」が生まれた。

'88 年

「Matsuhisa」の顧客であるロバート・デ・ニーロから、共同経営でニューヨークへの出店を依頼されたものの、この時点では悩み抜いて固辞。

'94 年

ロバート・デ・ニーロから再度オファーを受ける。4 年間仕事を見続け、待ち続けてくれていたことに心動かされ、ニューヨークのトライベッカに「NOBU New York City」をオープン。

その後

ロンドンや東京、ラスベガスなどにお店をオープン。2000 年にはジョルジオ・アルマーニとパートナーシップを組んで「NOBU Milano」を開いて話題を呼ぶなど、常に料理界に旋風を巻き起こしてきた。今やオーストラリアのメルボルンや南アフリカのケープタウンなど、世界五大陸すべてにお店を持つ。2013 年にはラスベガスに「NOBU HOTEL」を開業。2024 年、2025 年と連続で、ゴールデングローブ賞の料理を担当したことでも話題になった。

NOBU TOKYO のご紹介

ノブ・トーキョー

官庁やアメリカ大使館からほど近い、ビルの1階にある「NOBU」の日本店。和の文様や木の温かみを基調としながらもスタイリッシュな店内は、まるで海外のような雰囲気。ランチではコース料理に加え、NOBUのスペシャル料理がコンパクトに詰まったランチボックスや、人気のハウススペシャルロールやソフトシェルクラブロールなどの巻きものがメインのセットメニューが味わえます。またディナーでは、職人が料理を作る姿を目の当たりにできるライブ感あふれるカウンター席、シックな雰囲気でゆったり食事ができるテーブル席、いずれでも築地の新鮮な魚介をはじめ、国内外から選び抜いた食材で作り出すNOBUフードが堪能できます。コースに加え、アラカルトメニューも豊富で、おいしいお酒と一緒に豊かな時間が過ごせることでしょう。

住所
東京都港区虎ノ門 4-1-28 虎ノ門タワーズオフィス 1 階

電話
03-5733-0070

営業時間
ランチ　月曜〜日曜／11 時 30 分〜13 時 45 分（ラスト
　　　　オーダー）
　　　　土曜、日曜、祝日／12 時〜13 時 45 分（ラスト
　　　　オーダー）
ディナー　月曜〜日曜／18 時〜21 時（ラストオーダー）

料理
ランチ　ノブ・ランチボックス 4,600 円
　　　　コース 6,800 円、12,800 円
　　　　そのほか巻きものやサラダのランチなど。
ディナー　シェフのおまかせテイスティングコース
　　　　14,000 円、18,000 円、28,000 円
　　　　そのほかアラカルト多数。

レストランで使用しているオリジナルデザインの食器類や、すしビギナー向けに考案した「SUSHI TOOL（寿司道具）」は、インターネットで購入できる。
マツヒサジャパン　http://matsuhisa-japan.com/

「NOBU」「MATSUHISA」 ご紹介

「NOBU」は全世界、五大陸にレストランを持ち、各国の美食家たちをとりこにしています。NOBU の原点、「MATSUHISA」も併せて、68 店舗をご紹介します（2025 年 1 月 20 日現在）

WWW.NOBURESTAURANTS.COM
● = Nobu Hotel 内のレストラン

NOBU

日本

東京
NOBU TOKYO

アメリカ

ニューヨーク
NOBU FIFTY SEVEN
NOBU DOWNTOWN

アトランティックシティ
NOBU CAESARS
ATLANTIC CITY ●

ワシントン DC
NOBU WASHINGTON DC

アトランタ
NOBU ATLANTA ●

シカゴ
NOBU CHICAGO ●

マイアミ
NOBU MIAMI BEACH ●

ニューオリンズ
NOBU NEW ORLEANS

ヒューストン
NOBU HOUSTON

ダラス
NOBU DALLAS

スコッツデール
NOBU SCOTTSDALE

ラスベガス
NOBU LAS VEGAS
at VIRGIN HOTEL

NOBU LAS VEGAS
CAESARS PALACE ●
NOBU LAS VEGAS AT PARIS
HOTEL

パロアルト
NOBU PALO ALTO ●

マリブ
NOBU MALIBU

ロスアンジェルス
NOBU LOS ANGELES

ニューポートビーチ
NOBU NEWPORT BEACH

インディアンウェールズ
NOBU INDIAN WELLS

サンディエゴ
NOBU SAN DIEGO

ラナイ島
NOBU LANA'I

カナダ

トロント
NOBU TORONTO ●

メキシコ

メキシコシティ
NOBU MEXICO CITY

ポランコ
NOBU MEXICO CITY POLANCO

バハ・カリフォルニア
NOBU LOS CABOS ●

バハマ

ナッソー
NOBU NAHAMA

アンティグア・バーブーダ

バーブーダ島
NOBU BARBUDA

中国

香港
NOBU HONG KONG

フィリピン

マニラ
NOBU MANILA ●

マレーシア

クアラルンプール
NOBU KUALA LUMPUR

シンガポール

シンガポール
NOBU SINGAPORE

タイ

バンコク
NOBU BANGKOK

オーストラリア

メルボルン
NOBU MELBOURNE

パース
NOBU PERTH

シドニー
NOBU SYDNEY

南アフリカ

ケープタウン
NOBU CAPE TOWN

アラブ首長国連邦

ドバイ
NOBU DUBAI
NOBU DUBAI by THE BEACH

カタール

ドーハ
NOBU DOHA

モロッコ

マラケシュ
NOBU MARRAKECH ●

トルコ

イスタンブール
NOBU ISTANBUL

イギリス

ロンドン
NOBU LONDON
NOBU LONDON SHOREDICH ●
NOBU LONDON PORTMAN
SQUARE ●

ポーランド

ワルシャワ
NOBU WARSAW ●

ハンガリー

ブダペスト
NOBU BUDAPEST

イタリア

ミラノ
NOBU MILAN

モナコ

モンテカルロ
NOBU MONTE CARLO

スペイン

バルセロナ
NOBU BARCELONA ●

イビサ島
NOBU IBIZA BAY ●

アンダルシア
NOBU MARBELLA ●

バスク
NOBU SAN SABASTIAN ●

ギリシャ

サントリーニ島
NOBU SANTORINI ●

MATSUHISA

アメリカ

ロスアンジェルス
MATSUHISA BEVERLY HILLS

アスペン
MATSUHISA ASPEN

ヴェイル
MATSUHISA VAIL

デンバー
MATSUHISA DENVER

フランス

パリ
MATSUHISA PARIS

サントロペ
MATSUHISA SAINT TROPEZ

ヴァル＝ディゼール
MATSUHISA VAL D'ISERE

ドイツ

ミュンヘン
MATSUHISA MUNICH

スイス

サンモリッツ
MATSUHISA at BADRUTT'S
PALACE

イタリア

サルデーニャ島
MATSUHISA CALA DI VOLPE

ギリシャ

アテネ
MATSUHISA ATHENS

ミコノス島
MATSUHISA MYKONOS

パロス島
MATSUHISA PAROS

キプロス

リマソール
MATSUHISA LIMASSOL

本書に登場する用語解説

料理レシピには、普段聞きなれない調理法や食材名がたくさん出てきます。レシピがよくわかるよう、この本で使っている主な用語を簡潔に説明します。レシピで迷ったとき、探してみてください。

レシピの言葉

あ

- **和える**
下ごしらえした材料に、調味料や調味した衣をからませること。

- **油をきる**
天ぷらやから揚げなどの揚げもので素材を油から引き上げたとき、素材についている余分な油を落とすこと。金網の上に置くことが多く、からりと軽く仕上がる。

- **炙る**
火が素材に直接あたるほど近くで焼くこと。

- **裏ごしする**
液体状のものをざるに通して、よりなめらかにすること。またはゆでた素材を裏ごし器にかけて、きめ細かくすること。いもやかぼちゃは冷めると堅くなって裏ごししにくいので、熱いうちに行うのが鉄則。

- **おぼろ**
えびや鯛、ひらめなどをゆでてほぐし、みりん、酒などを加えて煎り上げたもの。さらに細かくするならすり鉢ですったり裏ごししたりする。本来はすし用語。

- **おろす**
一尾魚などを部位ごとに切り分けて下処理すること。「さばく」ともいう。魚はうろこ、頭、内臓、骨などを取り除くことをいい、三枚におろす、五枚におろすなどという。

か

- **皮目**
魚や鶏肉の皮がついた部分、皮がついた面のこと。「皮目から焼く」というのは、皮のついた側から先に焼くこと。

- **切り身**
大型の魚の身を、適当な大きさに切ったもの。鮭、たら、さわら、ぶり、鯛など。

さ

- **酒煎り**
鍋に材料と少量の酒を加え、汁気がなくなる程度に煎りつけること。魚介類などに酒の風味を移しておいしくする。

- **さく**
刺身を作る前段階のかたまりの状態。おろした魚の身から血合いを取り除き、背と腹に分けて形をととのえたもの。まぐ

ろは魚体が大きいので、独特の方法で長方形にととのえる。

- **桜煮**
たこの煮ものや柔らか煮のこと。桜の花びらのような色に煮上がることから、この名がついた。

- **三枚おろし**
魚のおろし方のひとつ。頭と内臓を取り除き、腹側から中骨にそって包丁を入れ、片身を切り離す。もう片方も切り離し、2枚の身と1枚の骨の計3枚になる方法。

- **塩ずり**
素材に塩を多めにまぶして手や指ですり込み、表面の繊毛などを取り除いたり下味をつけたりする。きゅうりやオクラなどに行う。

- **塩をする**
素材に塩をふったり、料理の途中で加えること。下味をつけたり、味つけするときに使う。

- **下味をつける**
材料にあらかじめ味をつけておくこと。魚や肉に塩や香辛料をふったり、合わせ調味料にしばらく漬けて薄く味をつけたりする。

- **下ゆで**
調理する前の下ごしらえとして、材料をさっとゆでておくこと。あくを抜いたり、味をしみ込みやすくする。大根を下ゆでするときは、米のとぎ汁を使うことが多い。

- **しめる**
魚や肉の余分な水分を脱水し、身を締めること。塩をふってしばらくおく方法が多いが、酢につけてたんぱく質を変性させる「酢じめ」、昆布で包んで脱水しながら昆布の旨みをまとわせる「昆布じめ」などが代表的。

- **少量**
親指と人差し指の2本でつまんだ分量。塩なら約小さじ$\frac{1}{30}$、0.2gに相当する。

- **白髪ねぎ**
長ねぎの白い部分を4〜5cm長さに切り、細いせん切りにして水にさらしたもの。白髪のように真っ白く細い姿から、この名がついた。料理の仕上げに盛ることが多い。

- **素揚げ**
素材に衣や粉などをつけず、そのまま油で揚げること。素材の色と形を生かすことができる。

- **すり身**
魚介や鶏肉などをすり鉢やフードプロセッサーなどでなめらかにすりつぶしたもの。つみれやしんじょなどの材料になる。

- **ぜいご**
あじの尾びれから身の中央に走っている、とげとげした堅いうろこ。あじをおろすときに、まず最初にそぎ落とす。

- **そぼろ**
ひき肉や卵、えび、魚の身などをぽろぽろの状態になるま

で鍋で煎ったり、煎り煮にしたもの。

た

● **たっぷりの水**

材料を鍋に入れ、水を加えたときに材料が完全に浸る水の量。

● **茶巾に絞る**

ラップやぬれ布巾などで柔らかい材料を包み、とじた口をねじりながら絞り、絞り目をつけたもの。さつまいも、かぼちゃ、ゆで玉子などを裏ごしして味つけしたものに使うことが多い。絞り目はつかないが、手まりずしは同じ方法で形づくる。

● **とぐ**

米を「とぐ」とは、米についた米ぬかや汚れを水とともに洗うこと。また切れにくくなった包丁の手入れについても「とぐ」という。

● **とろみをつける**

とろりとした状態にすること。片栗粉を水で溶いて、煮汁に加えることが多い。

な

● **鍋肌**

鍋の内側のこと。「鍋肌から入れる」とは、鍋の内側にそって、液体調味料や油などを回し入れること。材料に直接かけないことで、味むらができにくい。

● **煮つめる**

材料に火が通るまで煮て、煮汁がほとんどなくなるまでさらに煮ること。煮汁やたれの水分を蒸発させ、味を濃厚にすること。

は

● **火加減**

調理に合わせて、火の強さを調節すること。料理の途中で状態を見ながら強くしたり弱くしたりする。

● **ひたひたの水**

鍋に材料を平らに入れ、水を加えたときに材料の頭が出るか出ないかぐらいの水の量。

● **ひとつまみ**

親指、人差し指、中指の3本でつまんだ分量。塩約小さじ$\frac{1}{12}$で、0.5gに相当する。

● **細造り**

刺身の手法のひとつで、おろした身を細長く切る造り方。身幅の狭い魚やいかなどに用いる。糸造りともいう。

● **ポン酢**

柑橘類の果汁を使った合わせ酢のこと。だいだい、柚子、

すだち、かぼすなどを使う。ここに醤油を加えると、ポン酢醤油になる。

ま

● **まぶす**

粉や細かいものを、全体にむらなくつけること。から揚げのときの薄力粉、葛たたきのときの葛粉など。

● **水気をきる・水気を取る**

素材についている余分な水分を取ること。水につけた材料をざるに上げたり、野菜を振ってまわりの水分を落としたり、魚の水分をペーパータオルなどで拭き取ったりする。

● **水気を絞る**

ゆでたり煮たり水でもどした素材の水分を、手で絞って除くこと。ゆでたほうれん草は手でぎゅっと絞り、塩もみしたきゅうりは両手でぎゅっと握ったりする。

● **水にさらす**

切った素材をたっぷりの水をはったボウルに入れること。あくを抜いたり、水分を吸わせてパリッとさせるのが目的。

● **むき身**

あさりやかきなどの貝類、えびなどを生のまま殻をむいて身を取り出した状態。

● **もどす**

干ししいたけやひじき、高野豆腐、海藻などの乾物、ゼラチンなどに水を含ませ、乾燥前の柔らかい状態にすること。

や

● **焼き目をつける**

素材の表面を焼いて、こんがりとした焼き色をつけること。主に肉や魚に使う。

● **薬味**

料理の味を引き立てるために添える、香り野菜や香辛料のこと。刺身に添えるわさび、そばに添えるねぎ、鍋ものの大根おろし、うなぎにふる粉山椒など。

● **ゆがく**

ゆでること。沸騰した湯に材料を入れ、さっと火を通すこと。

● **湯霜**

沸騰した湯の中に素材を入れて、表面だけ白く色が変わった状態のこと。中まで火が入らないよう、氷水にとって余熱を止める。

● **湯通しする**

沸騰した湯の中に材料を入れ、さっとゆででてすぐに引き上げること。熱湯を回しかけることもいう。ざるに入れてから湯につけると、一度にさっと引き上げることができて便利。

● **湯引き**

さっと湯に通して、すぐに冷水にとること。主に刺身のように生っぽく食べるときの方法。いかやたこ、まぐろなどに行うことが多い。

調理道具

あ

● 押し型（おしがた）
押しずし（箱ずし）を作るときに使う、方形のすし枠。枠に底板をつけてすし飯と具を詰め、ふたになる板をかぶせて押す。すしは型から抜いて切り分ける。

● おろし金（がね）
大根や生姜、大和芋などをすりおろすのに使う道具。表面に小さな突起が出ており、そこで食材を細かくする。金属製、プラスチック製、陶製などがあるが、銅製のものが丈夫で突起を目立て直すこともできる。

か

● こし器（き）
材料をこしてなめらかにしたり、すくって水気をきったり、粉末状のものをふるって細かくする道具。

さ

● 菜箸（さいばし）
調理するときや盛りつけのときに使う箸。竹製で、食事用の箸よりもかなり長い。

● しゃもじ
杓子（しゃくし）の女房ことば。とくにご飯をよそう杓子のことをいう。

● すりこ木（ぎ）
すり鉢でものをすったりついたりするときに使う、木製の棒。棒の長さはすり鉢の直径の約2倍が使いやすいといわれている。「する」という言葉を避けて「あたり木」「あたり棒」とも呼ばれる。

● すり鉢（ばち）
深い鉢の内面に細かい縦の刻み目が入っている調理道具。すりこ木と内面の刻み目をこすり合わせてごまや味噌、豆腐などをすりつぶしたり、餅や団子をつくのに使う。「する」という言葉を避けて「あたり鉢」とも呼ばれる。

た

● 玉子焼き鍋（たまごやきなべ）
玉子焼き専用の四角い鍋。形は関西が長方形、関東が正方形。素材は銅やアルミ、フッ素樹脂加工のものなどがあるが、熱回りのよい銅製が均一に焼き上がるといわれる。

な

● 鍋（なべ）
加熱調理に使う道具。サイズも素材もさまざまで、用途や作る量などによって使い分ける。

は

● バット
角形の浅い容器で、切り分けた食材を入れたり、魚を酢〆にしたりするのに使う。サイズや深さは種類豊富。素材もステンレス、ほうろうびき、アルミニウムなどがある。酢〆には耐酸性のあるほうろうびきを使う。

● 盤台（はんだい）
すし飯を作るときに使う、平たくて浅い木製の桶のこと。使ったあとはたわしでしっかり洗い、よく乾燥させてからしまう。

● 包丁（ほうちょう）
代表的な調理道具のひとつ。すしネタを切り出したり、ロールずしを切り分けたりするのに欠かせない。種類豊富だが、大別すると片刃の「和包丁」と両刃の「洋包丁」で、すしで使うのは切れ味鋭い「和包丁」。刺身用には刃が薄くて長い「柳刃包丁」を、魚をさばいたり骨を切るのには刃に厚みがある「出刃包丁」を、野菜や豆腐などを切るには「薄刃包丁」を使う。家庭では「万能包丁」と呼ばれるステンレス製で両刃の包丁を使うことも多い。

● 盆ざる（ぼん）
細く長く割った竹で編んだ、盆のような形のざる。ゆでた材料を冷ましたり、水きりしたりするのに使う。

ま

● 巻き簾（まきす）
細く割った竹を糸で編み連ねた調理用のすだれ。ロールずしを巻いたり、だし巻き玉子の形をととのえたりするのに使う。大きさや長さ、竹の幅などはさまざまで、用途に応じたものを使う。

● まな板（いた）
食材などを包丁で調理するときに台として用いる板。「まな」とは真魚とも書き、本来は魚を調理するのに使う板を意味している。木製とプラスチック製がある。木製のものはかびが生えやすいので、しっかり洗ってよく乾燥させ、ときどき日光消毒しておく。

や

● 焼き網（やきあみ）
材料をのせて、直火焼きや炙ったりするときに使う網。

わ

● わさびおろし
わさびをおろすときに使う専用のおろし器。さめ皮を張ったものは目が細かく、粘りも出ておすすめだが、金属のもので小ぶりの目の細かいものもある。

あ

● アヒ・アマリーヨペースト
ペルーのポピュラーな黄色い唐辛子「アヒ・アマリーヨ」をペースト状にしたもの。南米食材店で買うことができる。

● アボカド
熱帯アメリカ原産の果実。緑や紫、褐色などの堅い皮をむき、黄緑色の果肉を取り出す。果肉には脂肪が多く、クリーミーで濃厚な味わいを持つことから「森のバター」ともいわれる。

● 粗塩 (あらじお)
海水を濃縮した天日塩を溶かし、砂などを除いて再結晶させたもの。精製塩よりやや粒が粗く、味も深い。

● 糸がきかつお (いと)
かつお節を糸のように細く削ったもの。

● 大葉 (おおば)
青じその葉のこと。

か

● かつお節 (削りがつお) (ぶし・けず)
日本を代表する伝統食品のひとつ。昆布と並ぶ「だし」の材料として欠かせない。さばいて4つの節に切ったかつおを湯で煮てから炙りながら堅くなるまで乾かし、かびづけしながらさらに天日乾燥させて作る。節を薄く削って、削りがつおにして使うことが多い。

● からすみ
ぼらの卵を塩漬けして塩抜きし、乾燥させて作る。形がととのい、薄い飴色で光沢のあるものがよいとされる。

● がり生姜 (しょうが)
甘酢に漬けた生姜のこと。すし屋で、すしの口直しに添えられる。食べるときにガリガリと音がすることから名づけられた。

● かんぴょう
ゆうがおの実の果肉を薄く、細長くむいて乾燥させたもの。乳白色をしている。使うときはしっかりゆでてもどし、醤油や砂糖などで煮て、ちらしずしや細巻きなどの具にすることが多い。

● 菊花 (干し菊) (きっか・ほしぎく)
キク科の菊の花で、黄色や紫色などがある。食用にするものは苦みが少なく、香り高いものが好まれる。花びらをむしって、酢を加えた湯でさっとゆで、酢のものなどにすることが多い。また菊の花を蒸して薄いシート状にし、乾燥させたものは「干し菊」や「菊のり」と呼ばれる。

● 木の芽 (き・め)
山椒の若芽。春を代表する香りとして、吸いものの吸い口や煮ものなどの天盛りに使うほか、刻んで和えものにしたり、すりつぶして白味噌と混ぜて木の芽味噌などを作る。

● 吟醸・大吟醸 (ぎんじょう・だいぎんじょう)
日本古来の酒、清酒の特定名称酒。吟醸は玄米を歩留まり60%以下まで精米し、米麹、水などと一緒に醸造した酒。味は淡麗で口あたりがやわらかく、香りが華やか。「大吟醸」は原料の玄米の歩留まりが50%以下で、よりフルーティな香りが強い。

● 紅芯大根 (こうしんだいこん)
中国原産の大根で、見た目は白い丸大根だが、皮をむくと放射状に美しい紅色が入っており、中心部は濃い紅色をしている。緻密な身質で甘みがあり、生食されることが多い。

● コチュジャン
唐辛子味噌とも呼ばれる、朝鮮半島の代表的な辛い調味料。唐辛子の粉や米麹などを主原料にし、発酵・熟成させて作る。

● 米 (こめ)
イネ科の稲の種実 (籾 (もみ))。粒の形で、細長いインディカと丸みを帯びたジャポニカに大別される。籾を脱穀、乾燥、籾ずりしたものが玄米、それを歩留まり90〜92%に精米したものが、いわゆる「お米」と呼ばれる精白米となる。主成分はでんぷんで、水と一緒に加熱することでおいしく食べられるようになる。

● 子持ち昆布 (こも・こんぶ)
昆布ににしんの卵 (かずのこ) が産みつけられたもので、一般には塩漬けしたものを塩抜きしてから使う。かずのこの食感と昆布の旨みがひと口でいただけ、酒肴に出すことが多い。

● 昆布 (こんぶ)
コンブ科の海藻で、寒流水域の三陸海岸以北の水深10m前後のところに群生する。出回っているのは主に乾燥したもの。種類によって味わいやだしの出方が違う。だしがよく出るのは羅臼昆布や真昆布。

さ

● 西京焼き (さいきょうやき)
一般には白味噌をみりんや酒でのばした味噌床に魚の切り身を漬け、焼いたもの。NOBU風西京焼きは全店で出せるよう、海外で手に入りやすい信州味噌を使っている。

● 醤油 (しょうゆ)
大豆が原料の、日本を代表する調味料。

● しょうゆ塩 (じお)
「ひかり味噌」が作っているNOBUオリジナル調味料。結晶化した醤油のようなもので、料理の仕上げにふって、醤油風味をつけることができる。

た

- **チャイブ**

  ねぎの一種で、シブレットともいう。細くて香りが強いのが特徴で、料理のトッピングやサラダなどによく使われる。

な

- **野沢菜漬け**（のざわなづけ）

  長野県野沢温泉村一帯の特産であるアブラナ科の野沢菜を塩漬けにしたもの。葉は濃い緑色をしており、2〜3回霜にあたったあと、塩漬けにする。

は

- **白菜漬け**（はくさいづけ）

  白菜を塩漬けにしたもの。冬の代表的な漬物のひとつ。

- **ハラペーニョチリ**

  濃い緑色をしたメキシコの唐辛子。ずんぐりとした形が特徴で、辛みが強すぎず、人気がある。タコスのソースなどに使われる。

- **ピンクロッサ**

  サニーレタスに似た、エンダイブとリーフレタスの交配種。葉はきれいな淡緑色で、葉先がピンクがかった赤色で細かく縮れている。柔らかいのでサラダやロールの具、料理を包んで食べるなどに向いている。

- **フルーツトマト**

  小さくて甘みが強いトマト。品種名ではなく、栽培方法によりフルーツのように糖度を高めたトマトのこと。

- **フルール・ド・セル**

  直訳すると「塩の花」。フランスの海塩で、天日乾燥によって作られる。ゲランド産のものが有名。

- **フレークソルト**

  薄くて軽く、口に入れるとカリッと歯ざわりのよい塩。料理の仕上げに、味や食感のアクセントをつけることを目的にふることが多い。イギリスのマルドン産のものが有名。

- **ベビースピナッチ**

  生食用のほうれん草で、葉が小さくて丸く、柔らかい。サラダなどに使われる。

- **ペリーラ**

  しその若葉。サラダなどにも使われる。

- **ホースラディッシュ**

  西洋わさびとも呼ばれる。表面が白く、長さ20cmほどの棒状の根菜。日本のわさびとはまた違う香りで、辛みもマイルド。肉料理によく使われ、すりおろしてわさびのように添えるのが一般的だが、せん切りにして料理に散らすことも。

- **穂じそ**（ほじそ）

  しその穂のこと。刺身のつまや吸いものの吸い口などにすることが多い。花のついたものは花穂じそという。

- **ポロねぎ**

  冬に甘くなるなるねぎで、太くて短い軸の白い部分だけを食べる。リーキやポワローに近い。

ま

- **まさご**

  ししゃもの卵の塩漬けで、赤く色づけされていることが多い。とびうおの卵であるとびこで代用できる。

- **味噌**（みそ）

  味噌麹に蒸した大豆や塩などを混ぜて発酵、熟成させたもの。味噌麹の原料によって、米味噌、麦味噌、豆味噌などに大別される。

- **もなか皮**（もなかがわ）

  もち米を水でこねて蒸し、薄くのばしてから焼いたもの。香ばしい香りとサクッと軽やかな食感が特徴。

や

- **山ごぼうの漬物**（やまごぼうのつけもの）

  日本に広く自生する山ごぼうを、醤油などに漬けた漬物。

- **山桃**（やまもも）

  ヤマモモ科の果樹。6月〜7月に直径2cmぐらいの濃い赤紫色の果実をつける。柔らかい肉質で、甘酸っぱい味わい。

- **柚子**（ゆず）

  中国原産のミカン科の小高木で、果実は季節によって呼び名や使い方が変わる。初夏から夏にかけてはまだ小粒で実柚子と呼ばれ、輪切りなどにして夏の吸いものの吸い口に使い、爽やかな香りを添える。初秋には実柚子が大きくなって青柚子と呼ばれ、晩秋から冬にかけては黄色く色づき、黄柚子と呼ばれる。皮は香り高く、へいだりすったりせん切りなどにして吸いものや煮ものなどの仕上げに添える。果汁は酢のものの酢やポン酢の材料に使う。

- **米酢**（よねず）

  米を原料とした醸造酢のひとつで、「こめず」とも呼ぶ。日本でもっとも古くから造られていた酢といわれている。

ら

- **ロコトチリペースト**

  ペルーで最も辛いといわれている「ロコト」という赤唐辛子をペースト状にしたもの。南米食材店で買うことができる。

材料別さくいん

松久信幸 （まつひさ・のぶゆき）

「NOBU」オーナーシェフ。1949年、埼玉県生まれ。東京・新宿の「松栄鮨」で4年間修業ののち、ペルーのリマ、アルゼンチンのブエノスアイレス、アラスカのアンカレッジなどで経験を積む。87年にロスアンジェルスのビバリーヒルズに「Matsuhisa」をオープン。94年には「Matsuhisa」の料理にほれ込んだロバート・デ・ニーロと共同経営でニューヨークに「NOBU New York City」をオープン。NOBUスタイルの料理は世界中の美食家やセレブリティを魅了している。現在、「NOBU」と「MATSUHISA」を全世界に68店舗展開。また2013年、ラスベガスに「Nobu Hotel」をオープン、現在、世界で19ホテルを展開。50年以上にわたり日本食を海外で普及し、また高い評価を受けてきた功績から、2022年に「文化庁長官表彰」、2024年秋の叙勲で「旭日双光章」を受章した。

撮影：髙橋栄一
アートディレクション：三木和彦 (Ampersand works)
デザイン：Ampersand works
レシピ取材・文：佐々木ひろこ
撮影協力：横山和弘
　　　　　小林一麦 (NOBU TOKYO)
　　　　　NOBU TOKYO のスタッフ
校正：佐野春美
編集：原田敬子

※本書は、『NOBUのすし』（2012年刊）の店舗情報などを更新し、装丁を新しくした新装版です。レシピの変更はありません（2025年2月10日現在）。

新装版　NOBUのすし

発行日　2025年3月25日　初版第1刷発行

著　者　松久信幸
発行者　岸 達朗
発　行　株式会社世界文化社
　　　　〒102-8187
　　　　東京都千代田区九段北4-2-29
　　　　電話　03-3262-5118（編集部）
　　　　　　　03-3262-5115（販売部）

印刷・製本　大日本印刷株式会社

食材や器を協力してくださったかたがた

わさび・しょうが
金印物産
https://www.kinjirushi.co.jp/

味噌・しょうゆ塩・ドライミソ
ひかり味噌
https://www.hikarimiso.co.jp/

ゆば
比叡ゆば本舗 ゆば八
https://hieiyuba.jp/

SOYシート（まめのりさん®）
J-オイルミルズ
https://www.j-oil.com/prosumer/mame
※現在取り扱いは業務用のみ。

フリーズドライの野菜
ジェムノン（GERM NON）
https://www.germnon.jp
※現在取り扱いは業務用のみ。

日本酒
北雪酒造
https://sake-hokusetsu.com/

器（表紙カバー）
青木良太
https://www.ryotaaoki.com/

漆器　（p.114–119, 121, 125, 131, 133）
鎌田克慈
https://www.kamata-katsuji.jp